Nuevos entornos con Microsoft 365

avanza editorial

Editado por:
EDITORIAL FAE, S.L.U.
Correo electrónico: editorial@editorialfae.com

Nuevos entornos con Microsoft 365
Beatriz Coronado García

1ª Edición

ISBN: 978-84-1135-378-6

Impreso en España

Índice

U. A. 1. Conocimiento de hojas de cálculo: Excel

U. A. 2. Creación de documentos con Word

U. A. 3. Presentaciones eficaces con PowerPoint

Introducción

Objetivos

1. ¿Qué es PowerPoint? Análisis de PowerPoint

2. Inicio. Utilización de una plantilla o creación de una presentación desde cero

3. Elaboración de la estructura y diseño

4. Uso de opciones avanzadas: animaciones e interacción

5. Elaboración de una presentación con PowerPoint

RESUMEN

GLOSARIO

EJERCICIOS DE AUTOEVALUACIÓN

U. A. 4. Colaboración y trabajo en equipo con Teams

Introducción

Objetivos

1. Introducción a Microsoft Teams

2. Elaboración del perfil y configuración

3. Uso del chat

4. Realización de reuniones, llamadas y calendario

5. Análisis de todas las opciones

6. Crear un equipo de trabajo con Teams

RESUMEN

GLOSARIO

EJERCICIOS DE AUTOEVALUACIÓN

U. A. 5. Uso del correo electrónico. Outlook

U. A. 6. Creación de anotaciones digitales con OneNote

Aplicaciones prácticas

Ejercicio de evaluación final

Solucionario

Bibliografía

Índice

U. A. 1. Conocimiento de hojas de cálculo: Excel

Introducción

Microsoft Excel es una de las herramientas más completas y extendidas para la gestión de datos, cálculos numéricos y análisis de información. Su estructura basada en hojas de cálculo permite organizar grandes volúmenes de registros en filas y columnas, a la vez que posibilita la aplicación de fórmulas, funciones, gráficos y herramientas de análisis avanzado. Esto convierte a Excel en un recurso fundamental para la toma de decisiones basada en datos en ámbitos como la administración, las finanzas, el marketing, los recursos humanos o la gestión de proyectos.

Además, integra opciones de automatización, conectividad y colaboración gracias a su inclusión en el ecosistema Microsoft 365, lo que permite trabajar en la nube, compartir archivos en tiempo real y vincularse con otras aplicaciones como Teams, Power BI u Outlook.

Objetivos

- Comprender la estructura básica de un libro de Excel, identificando elementos como hojas, celdas, filas, columnas y la cinta de opciones.
- Introducir, organizar y dar formato a distintos tipos de datos (numéricos, textuales, fechas, monedas) asegurando su correcta interpretación.
- Aplicar fórmulas y funciones básicas y avanzadas para realizar cálculos automáticos, análisis de información y resolución de problemas.
- Representar datos de forma gráfica, seleccionando el tipo de gráfico adecuado (barras, líneas, circulares, dinámicos) para comunicar información de manera visual y efectiva.
- Utilizar herramientas de análisis de datos, incluyendo tablas dinámicas, segmentaciones y funciones de búsqueda (BUSCARV, BUSCARX, ÍNDICE, COINCIDIR).
- Gestionar grandes volúmenes de información mediante ordenación, filtros y validación de datos para mejorar la calidad y consistencia de los registros.
- Aplicar automatización mediante macros básicas, optimizando tareas repetitivas y mejorando la eficiencia en el trabajo con hojas de cálculo.
- Colaborar en entornos digitales gracias a la integración de Excel con OneDrive, Teams y otras aplicaciones de Microsoft 365, trabajando de manera compartida y segura.
- Desarrollar hojas de cálculo completas que incluyan datos, cálculos, análisis y gráficos, aplicables a contextos profesionales de administración, gestión y control financiero.

1. ¿Qué ofrece Excel? Análisis de Excel

Microsoft Excel es una de las herramientas más potentes y versátiles para la **gestión de datos, cálculos numéricos y análisis de información**. Su uso no se limita a la creación de tablas, sino que permite realizar operaciones complejas, automatizar procesos, generar gráficos y aplicar fórmulas que facilitan la interpretación de datos.

En entornos administrativos, financieros y de gestión, Excel se convierte en un pilar fundamental para la toma de decisiones basada en datos.

Su estructura basada en hojas de cálculo permite organizar grandes volúmenes de información de manera clara y accesible, facilitando la toma de decisiones en ámbitos como la administración, las finanzas, el marketing o la gestión de proyectos.

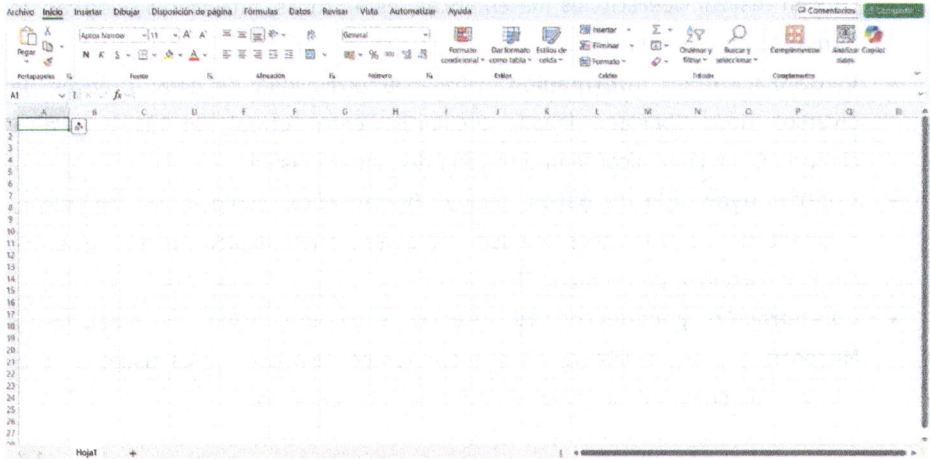

Fig. 1. La estructura de Excel es una hoja de cálculo en blanco donde se pueden introducir y organizar datos en filas y columnas

El valor de Excel radica en que combina la sencillez de una tabla con la potencia de funciones matemáticas, estadísticas y lógicas que permiten realizar desde cálculos básicos hasta complejos modelos de análisis. Además, su integración con el resto de aplicaciones de Microsoft 365 (como Word, PowerPoint, Teams o Power BI) amplía sus posibilidades y lo convierte en una herramienta fundamental en entornos profesionales y educativos.

Un aspecto esencial es que no solo sirve para introducir números o listas, sino que facilita la **transformación de datos en información útil**. Esto significa que los datos brutos (ya sean cifras de ventas, listados de clientes o registros de inventario) pueden convertirse en informes, gráficos y cuadros de mando que ayudan a entender tendencias, detectar problemas y proyectar escenarios futuros.

Por tanto, dispone de una amplia variedad de **funcionalidades** que lo diferencian de una simple tabla de datos. Estas se pueden clasificar en cinco grandes grupos:

- **Gestión y organización de datos**. Permite introducir, ordenar y filtrar información en celdas, filas y columnas. Además, incorpora formatos específicos para fechas, textos, números y monedas, lo que facilita el trabajo con distintos tipos de registros.
- **Cálculos automáticos**. A través de fórmulas y funciones predefinidas, se pueden realizar operaciones matemáticas, estadísticas, financieras o lógicas de forma rápida y precisa.
- **Visualización de información**. Ofrece la posibilidad de crear gráficos de diversos tipos (barras, líneas, circulares, entre otros), lo que ayuda a comprender y comunicar la información de manera visual.
- **Análisis avanzado de datos**. Incluye herramientas como tablas dinámicas, segmentaciones y funciones de búsqueda que permiten explorar relaciones entre datos y encontrar patrones ocultos.
- **Colaboración y conectividad.** Gracias a su integración con OneDrive y Microsoft Teams, facilita la edición en tiempo real por varios usuarios y el intercambio seguro de archivos en entornos corporativos.

Esta combinación de funciones convierte a Excel en una herramienta que se adapta tanto a tareas sencillas (como elaborar un listado de gastos personales) como a proyectos complejos que requieren un análisis empresarial a gran escala.

Por otro lado, aunque existen diferentes programas de hojas de cálculo en el mercado, tanto gratuitos como de pago, Excel mantiene una posición predominante gracias a una serie de **ventajas** competitivas que lo convierten en la opción preferida en entornos profesionales, como las siguientes:

- **Estándar en el mundo empresarial**. Excel es reconocido a nivel global y utilizado en prácticamente todos los sectores, lo que garantiza compatibilidad y facilidad para intercambiar documentos con clientes, proveedores y colaboradores.
- **Amplia gama de funciones integradas**. Dispone de cientos de funciones matemáticas, financieras, estadísticas y lógicas que permiten resolver problemas complejos sin necesidad de recurrir a software especializado.
- **Interfaz intuitiva y familiar**. La mayoría de los usuarios tiene una primera aproximación sencilla, ya que su diseño basado en celdas, pestañas y menús facilita la curva de aprendizaje.
- **Alta capacidad de personalización**. Ofrece opciones para adaptar hojas de cálculo a las necesidades específicas del usuario mediante fórmulas, tablas dinámicas, macros o complementos adicionales.
- **Integración con el entorno Microsoft 365**. Su sincronización con herramientas como Teams, OneDrive, Outlook o Power BI potencia la colaboración en línea, la seguridad y la creación de informes dinámicos.
- **Escalabilidad**. Es capaz de trabajar con tareas simples (listas o cálculos básicos) y escalar hasta proyectos complejos que implican grandes volúmenes de datos o análisis avanzados.

Anotación

En comparación con alternativas como Google Sheets o LibreOffice Calc, Excel destaca por su mayor número de funciones avanzadas y compatibilidad profesional, lo que lo convierte en una herramienta preferida en entornos corporativos y administrativos.

Como se ha mencionado, se utiliza en una gran diversidad de ámbitos laborales debido a su flexibilidad. Aunque cada sector adapta la herramienta a sus necesidades, existen algunos **usos profesionales** comunes:

- **Gestión financiera y contabilidad**. Elaboración de presupuestos, control de gastos, seguimiento de ingresos, cálculo de impuestos y análisis de balances económicos.

- **Administración y gestión empresarial**. Creación de bases de datos de clientes o proveedores, organización de inventarios, planificación de horarios y control de proyectos.
- **Marketing y ventas**. Análisis de campañas, segmentación de clientes, control de resultados comerciales y proyecciones de ventas.
- **Recursos humanos**. Elaboración de nóminas, seguimiento de asistencia, control de vacaciones y gestión de turnos.
- **Educación y formación**. Diseño de planificaciones, tablas de evaluación, seguimiento de resultados de estudiantes y elaboración de informes de progreso.
- **Ciencia y análisis de datos**. Aplicación de fórmulas estadísticas, manejo de grandes volúmenes de información y representación gráfica de resultados experimentales.

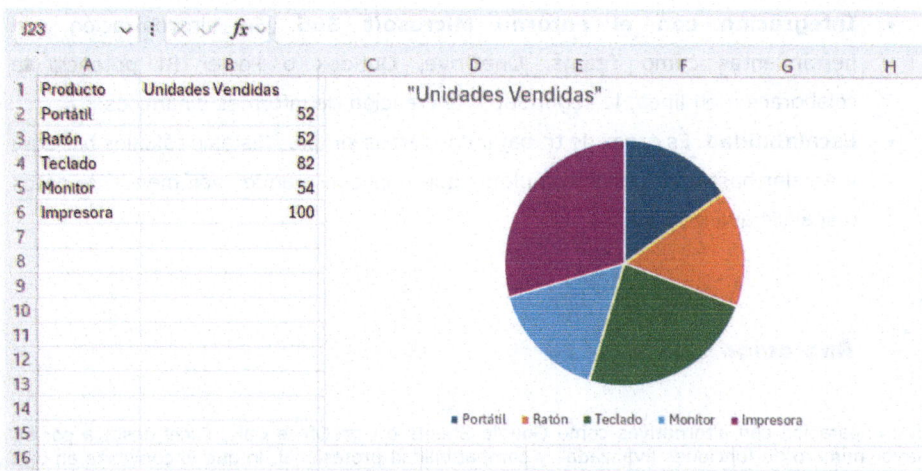

Fig. 2. Excel permite representar los datos introducidos en una tabla mediante gráficos

Estos usos ponen de manifiesto que Excel no es únicamente una herramienta de cálculo, sino un verdadero soporte para la toma de decisiones en múltiples sectores.

Como se ha mencionado anteriormente, una de las grandes ventajas de este programa en la actualidad no reside únicamente en sus capacidades como hoja de cálculo, sino en su **integración dentro de Microsoft 365.** Esta conexión permite trabajar de manera más eficiente, colaborativa y segura, facilitando que los datos no estén aislados, sino que se comuniquen con otras aplicaciones y servicios.

Dentro de las principales ventajas de esta integración se pueden señalar varias:

- **Trabajo en la nube con OneDrive y SharePoint.** Los archivos de Excel pueden guardarse directamente en la nube, lo que permite acceder a ellos desde cualquier dispositivo y compartirlos fácilmente con otros usuarios. Esto elimina la dependencia de un solo ordenador y garantiza la disponibilidad de la información.
- **Edición colaborativa en tiempo real.** Varios usuarios pueden editar simultáneamente un mismo documento, viendo los cambios de manera inmediata y evitando la creación de múltiples versiones de un mismo archivo.
- **Conexión con Teams.** Se integra directamente con Microsoft Teams, de forma que los documentos pueden compartirse, comentarse y actualizarse en el propio espacio de trabajo del equipo.
- **Enlace con Outlook.** Es posible enviar y recibir archivos de Excel directamente desde el correo electrónico, además de insertar tablas y gráficos en mensajes para comunicar resultados de forma más clara.
- **Complemento con Power BI.** Puede servir como fuente de datos para Power BI, la herramienta de inteligencia empresarial de Microsoft, permitiendo pasar de un análisis intermedio en Excel a cuadros de mando interactivos y avanzados en Power BI.
- **Seguridad y control de versiones.** Gracias al entorno Microsoft 365, los archivos cuentan con medidas avanzadas de protección de datos, control de accesos y versiones automáticas, lo que asegura el resguardo de la información sensible.

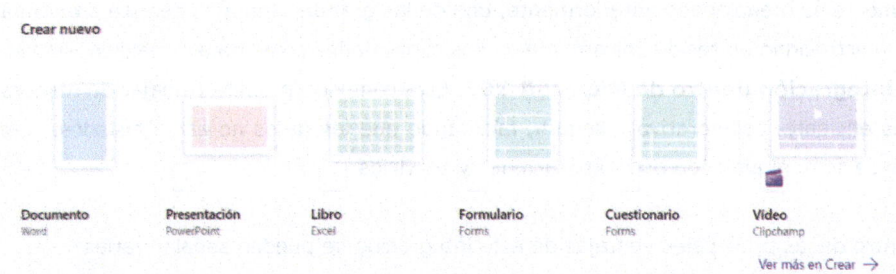

Fig. 3. Desde el panel de inicio de Microsoft 365 es posible crear nuevos documentos, presentaciones, libros de Excel, formularios, cuestionarios o vídeos

Excel dentro de Microsoft 365 no se limita a ser una hoja de cálculo aislada, sino que se transforma en una pieza clave de un entorno digital colaborativo, que optimiza la comunicación y el análisis de datos dentro de la organización.

2. Creación de hojas de cálculo. Primeros pasos

Al iniciar Excel, el usuario se encuentra con una interfaz gráfica diseñada para organizar todas las funciones de manera accesible. Comprender su estructura es fundamental para poder avanzar en el manejo de la herramienta.

Esta se organiza en diferentes elementos que se mencionan a continuación.

Cinta de opciones

Es la barra horizontal situada en la parte superior de la pantalla, que agrupa los comandos y herramientas en distintas pestañas. Dentro de cada pestaña, los comandos se distribuyen en grupos, facilitando el acceso a las funciones más utilizadas.

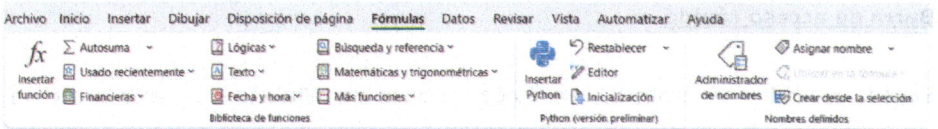

Fig. 4. Algunos grupos de los que se incluyen son Portapapeles, Fuente, Alineación, Número, etc.)

Pestañas principales

Cada pestaña concentra herramientas relacionadas entre sí, lo que ayuda a trabajar de forma ordenada.

Archivo   Inicio   Insertar   Dibujar   Disposición de página   **Fórmulas**   Datos   Revisar   Vista   Automatizar   Ayuda

Fig. 5. Entre las más comunes se encuentran Inicio, Insertar, Fórmulas, Datos, Revisar y Vista

Menú Archivo

Ubicado en la esquina superior izquierda, da acceso a opciones como crear un nuevo libro, abrir documentos, guardar, imprimir o exportar.

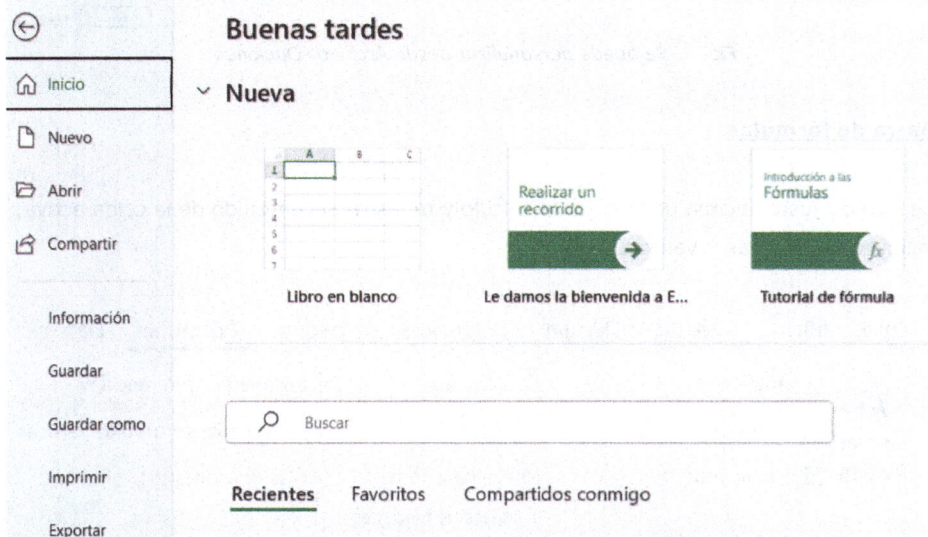

Fig. 6. Se conoce también como la "vista Backstage"

Barra de acceso rápido

Situada generalmente arriba de la cinta de opciones, permite añadir accesos directos a las funciones más usadas (guardar, deshacer, rehacer, etc.) o comandos según las necesidades del usuario.

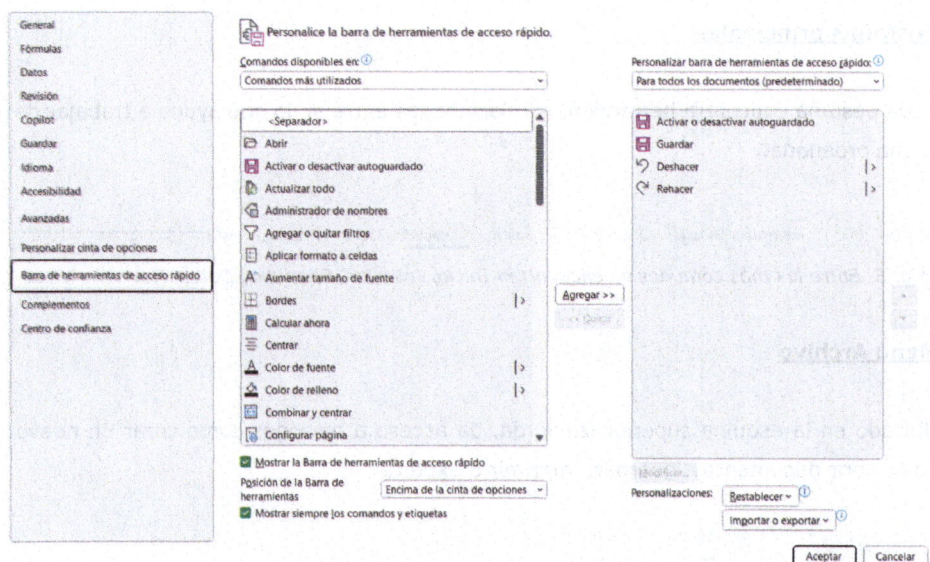

Fig. 7. Se puede personalizar desde Archivo>Opciones

Barra de fórmulas

Se localiza justo encima de la hoja de cálculo y muestra el contenido de la celda activa, incluyendo fórmulas y valores.

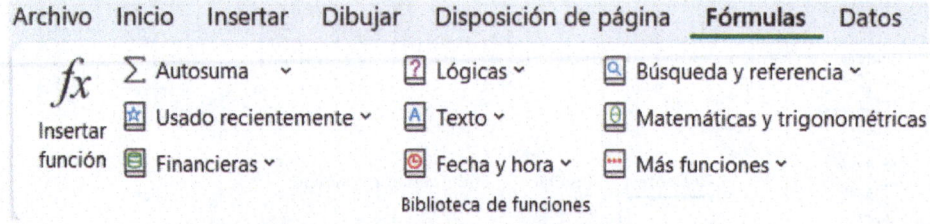

Fig. 8. Las fórmulas también se clasifican según su finalidad

Área de trabajo

Es la cuadrícula compuesta por filas y columnas donde se introducen los datos.

Fig. 9. Este espacio es el núcleo del trabajo en Excel

Este diseño busca que el usuario pueda localizar las funciones de manera rápida y trabajar con eficiencia, tanto en tareas básicas como en operaciones avanzadas.

Como ya se ha comentado, el funcionamiento de Excel se basa en tres elementos fundamentales que conforman su estructura:

- **Libro.** Es el archivo completo de Excel, con extensión .xlsx en las versiones actuales. Un libro puede contener una o varias hojas de cálculo, que funcionan como secciones independientes dentro del mismo archivo.

- **Hoja.** Es cada una de las páginas de trabajo dentro de un libro. Se componen de filas y columnas, y en la parte inferior se representan mediante pestañas que pueden renombrarse, eliminarse o duplicarse.

Fig. 10. Por defecto, al abrir Excel aparece una sola hoja, denominada "Hoja1"

- **Celda.** Es la unidad mínima de trabajo en Excel. Se forma en la intersección de una fila y una columna, y se identifica mediante una referencia alfanumérica (por ejemplo, B3 corresponde a la columna B y la fila 3). Las celdas son el espacio en el que se introducen los datos, que pueden ser de distinto tipo: numéricos, textuales, fechas, fórmulas, etc.

Truco

La lógica de Excel se entiende mejor si se visualiza como un libro compuesto por varias hojas, y dentro de cada hoja, miles de celdas interconectadas que permiten almacenar, calcular y organizar información.

El primer contacto con esta herramienta suele comenzar con la introducción y manipulación de datos dentro de las celdas. Estas operaciones básicas constituyen la base para realizar cualquier tarea posterior, y son:

- **Escribir datos.** Basta con seleccionar la celda deseada y comenzar a teclear. Excel permite introducir diferentes tipos de información, como números, texto, fechas o fórmulas. Una vez escrito el contenido, se pulsa la tecla *Enter* para confirmar. Si se pulsa *Tabulador,* el cursor se desplaza a la celda de la derecha, lo que resulta útil para rellenar listas o tablas.
- **Mover datos.** Para trasladar el contenido de una celda a otra, existen varias opciones. Una de las más comunes es el uso de cortar y pegar, disponible tanto en la cinta de opciones como mediante atajos de teclado (Ctrl+X para cortar y Ctrl+V para pegar). También es posible arrastrar el borde de una celda seleccionada hasta la nueva ubicación.
- **Copiar datos**. Se utiliza cuando se quiere duplicar un contenido sin eliminarlo de su ubicación original. Puede realizarse con el comando copiar (Ctrl+C) seguido de pegar (Ctrl+V).
- **Borrar datos.** Al seleccionar una celda y pulsar la tecla *Supr,* se elimina el contenido, pero se mantiene el formato aplicado. En cambio, si se usa la opción

    Borrar todo ◇ˇ en la pestaña *Inicio>Edición,* se eliminan tanto los datos como los formatos asociados.

- **Deshacer y rehacer acciones.** Excel incorpora en la barra de acceso rápido los botones *Deshacer y Rehacer* , que permiten corregir errores de forma inmediata.

Por otra parte, no basta con introducir datos, también es necesario darles **formato** adecuado para que sean interpretados correctamente. Los formatos básicos más utilizados son:

- **Números.** Excel reconoce automáticamente muchos valores numéricos, pero ofrece opciones para personalizarlos. Por ejemplo, se puede indicar el número de decimales, aplicar separadores de miles, mostrar porcentajes o representar cifras en formato monetario. Esto es fundamental para dar claridad a tablas contables o financieras.
- **Fechas.** Las fechas introducidas se almacenan internamente como números de serie, lo que permite realizar cálculos entre ellas (por ejemplo, calcular la diferencia en días entre dos fechas). El usuario puede decidir si mostrar la fecha en formato corto (01/01/2025), largo (1 de enero de 2025) o incluso personalizado.
- **Texto.** El texto suele emplearse para nombres, descripciones o etiquetas. Excel permite modificar aspectos como la fuente, el tamaño, el color y la alineación. También se pueden aplicar negritas, cursivas o subrayados para destacar información.
- **Combinados.** En muchas ocasiones es útil aplicar diferentes formatos dentro de una misma tabla. Por ejemplo, mostrar cifras en formato moneda, acompañadas de una fecha y un texto descriptivo.

También hay algunos ejemplos de **errores comunes de formato**. A veces, Excel interpreta un dato de manera distinta a lo esperado. Por ejemplo, si se escribe 01/03, el programa puede entenderlo como 1 de marzo en lugar de como un texto. En estos casos, es importante asegurarse de aplicar el formato correcto desde la pestaña "Número" de la cinta de opciones.

Al hacer clic con el botón derecho sobre una selección de celdas, Excel ofrece opciones rápidas como acceder al comando *Formato de celdas,* tal y como se puede observar en la siguiente imagen:

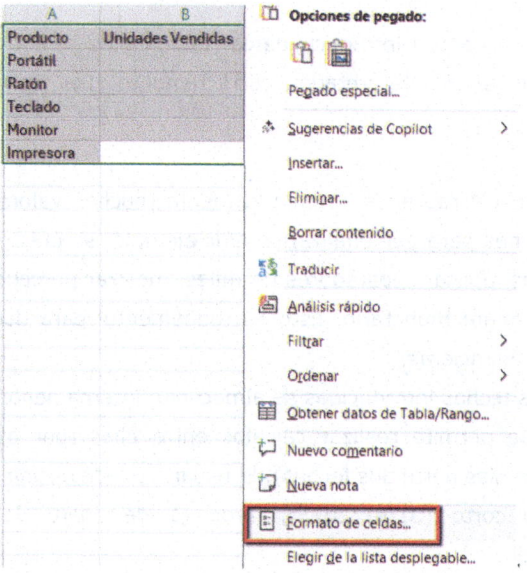

A continuación, el cuadro de diálogo *Formato de celdas* permite definir el tipo de contenido, como número, moneda, fecha, hora o formato personalizado:

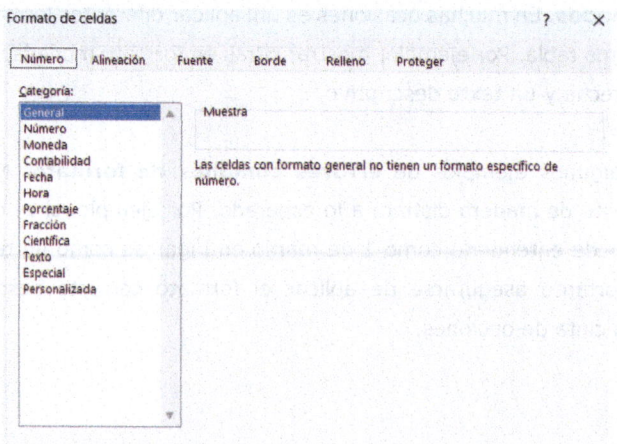

Importante

Los formatos básicos mejoran la apariencia visual de la hoja de cálculo y garantizan que los datos puedan ser utilizados en cálculos posteriores de forma coherente.

Por último, está la posibilidad de **guardar y compartir archivos** directamente en la nube mediante OneDrive. Esto no solo asegura que la información esté disponible en cualquier dispositivo con conexión a Internet, sino que también facilita la colaboración en tiempo real entre varios usuarios. Excel deja de ser un programa individual para convertirse en una plataforma de trabajo colaborativo y seguro, acorde con las demandas de las organizaciones.

El proceso de guardar un archivo en OneDrive es muy similar al guardado tradicional en el equipo, aunque con algunas particularidades:

- **Guardar en la nube.** Al seleccionar la opción *Archivo>Guardar como,* Excel permite elegir como ubicación predeterminada OneDrive, asociado a la cuenta de Microsoft del usuario. De esta forma, el archivo queda sincronizado y accesible desde cualquier ordenador, tablet o móvil.
- **Acceso automático desde cualquier dispositivo.** Una vez guardado en OneDrive, el documento puede abrirse tanto desde Excel instalado en el equipo como desde la versión web (Excel Online), lo que aumenta la flexibilidad de uso.
- **Opciones de compartición.** Desde el propio archivo, en la esquina superior derecha, aparece el botón *Compartir* 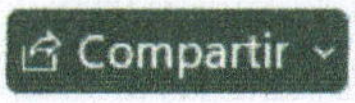

. Al pulsarlo, se abre un cuadro de diálogo en el que se puede: invitar a otros usuarios introduciendo su correo electrónico, decidir si podrán editar el archivo o únicamente verlo y generar un enlace de acceso directo para compartirlo por otros medios.
- **Edición colaborativa en tiempo real.** Cuando varios usuarios trabajan sobre el mismo archivo guardado en OneDrive, Excel muestra los cambios en directo e identifica a cada participante con un color o un indicador en la celda que está editando. Esto evita duplicados y agiliza el trabajo en equipo.

- **Historial de versiones.** OneDrive guarda automáticamente versiones anteriores del documento, de modo que el usuario puede restaurar cambios en caso de error o recuperar información borrada accidentalmente.

3. Análisis de las nociones esenciales

Las fórmulas y funciones son el núcleo del trabajo en Excel, ya que permiten realizar cálculos y procesar datos de manera automática. Una fórmula es una expresión creada por el usuario para realizar operaciones, mientras que una función es una instrucción predefinida por Excel que simplifica cálculos complejos.

Las **fórmulas** siempre comienzan con el signo igual (=). Pueden incluir números, referencias a celdas y operadores matemáticos. Otros operadores frecuentes son: - (resta), * (multiplicación), / (división) y ^ (potencia).

Ejemplo

=A1+B1 suma los valores de las celdas A1 y B1:

SUMA	∨ : ✕ ✓ *fx* ∨	=A1+B1	
	A	B	C	D
1	20	30		
2	10	52		
3	5	52		
4	10	82		
5	6			
6	9			=A1+B1
7				

Al confirmar, se produce, en este caso, la suma:

D6	∨ : ✕ ✓ *fx* ∨	=A1+B1	
	A	B	C	D
1	20	30		
2	10	52		
3	5	52		
4	10	82		
5	6			
6	9			50
7				

Las **funciones** son fórmulas preconfiguradas que realizan operaciones específicas. Se escriben con un nombre seguido de paréntesis, dentro de los cuales se indican los argumentos. Algunas de las más utilizadas son:

- =SUMA(A1:A10) → Suma todos los valores entre A1 y A10.
- =PROMEDIO(B1:B5) → Calcula la media aritmética de los valores en ese rango.
- =MAX(C1:C20) → Devuelve el valor más alto.
- =MIN(C1:C20) → Devuelve el valor más bajo.
- =HOY() → Muestra la fecha actual.

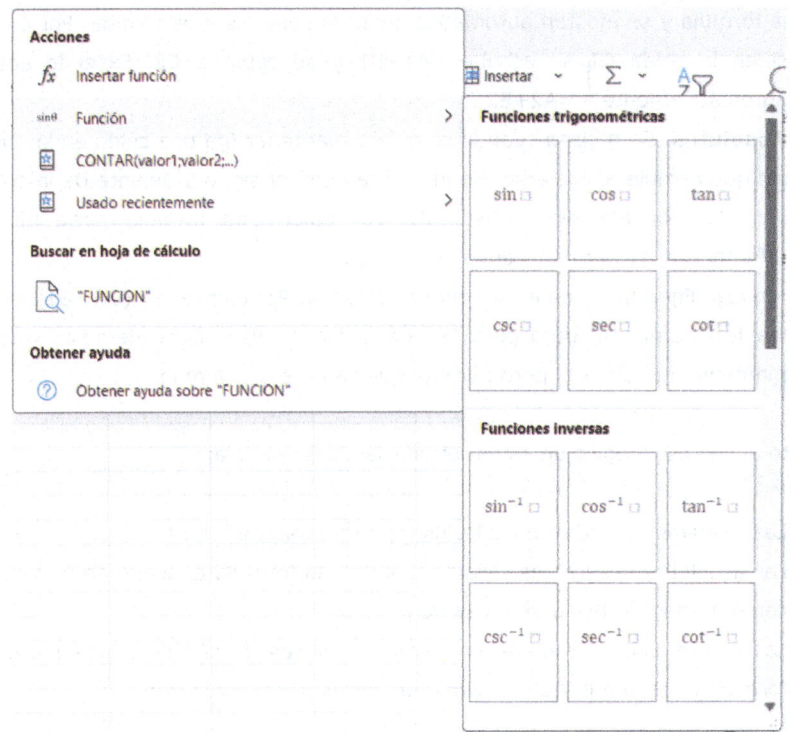

Fig. 11. Desde el menú de insertar función, Excel ofrece un amplio catálogo de fórmulas matemáticas y trigonométricas listas para aplicar en las celdas

También se puede **autocompletar funciones.** Al escribir =SUMA(u otra función, Excel despliega una lista de opciones y una ayuda con la sintaxis, lo que facilita su aprendizaje y aplicación.

Además, permite hacer una **combinación de fórmulas y funciones.** Es posible crear expresiones complejas combinando varios cálculos. Por ejemplo: =(SUMA(A1:A5))/CONTAR(A1:A5) calcula la media dividiendo la suma entre el número de valores.

Por otra parte, las fórmulas no solo trabajan con números fijos, sino que suelen emplear **referencias a celdas.** Estas referencias pueden comportarse de manera distinta dependiendo de cómo se definan:

- **Relativas.** Son las más comunes. Indican la posición de la celda en relación con la fórmula y se ajustan automáticamente al copiarse a otra celda. Por ejemplo: si en la celda C1 se escribe =A1+B1 y se copia a C2, Excel lo adaptará automáticamente a =A2+B2.
- **Absolutas.** Se utilizan cuando se quiere mantener fija una celda en la fórmula, sin que cambie al copiarse. Se identifican con el signo $ delante de la columna y/o fila. Por ejemplo: =A1+B1. Al copiar esta fórmula hacia abajo, la referencia a A1 permanecerá siempre igual.
- **Mixtas.** Fijan únicamente la columna o la fila. Por ejemplo: =$A1+B1 mantiene fija la columna A, pero permite que la fila cambie. Otro ejemplo: =A$1+B1 mantiene fija la fila 1, pero permite que cambie la columna.

Respecto al uso estratégico de estas referencias, cabe señalar:

- Las relativas son útiles en cálculos repetitivos sobre tablas.
- Las absolutas resultan esenciales cuando una fórmula depende de un valor fijo, como un tipo de IVA o una tasa de interés.
- Las mixtas son muy útiles en tablas dinámicas de cálculo donde parte de la fórmula debe variar y otra parte debe permanecer constante.

 **Importante**

Las referencias evitan tener que reescribir fórmulas y facilitan la replicación de cálculos en grandes conjuntos de datos.

Otra de las funciones más prácticas de Excel es el **relleno automático,** que permite completar datos de manera rápida sin necesidad de escribirlos uno por uno. Se activa arrastrando el *Controlador de relleno.*

Si la celda contiene un número, al arrastrar se genera una secuencia (1, 2, 3, 4...). Con fechas, completa días consecutivos, meses o años según el patrón detectado. También con días de la semana o nombres de meses. Por ejemplo, si se escribe "Lunes" y se arrastra, continuará con "Martes, Miércoles, etc.".

En caso de que se desee repetir un mismo valor en varias celdas, basta con mantener pulsada la tecla *Ctrl* al arrastrar.

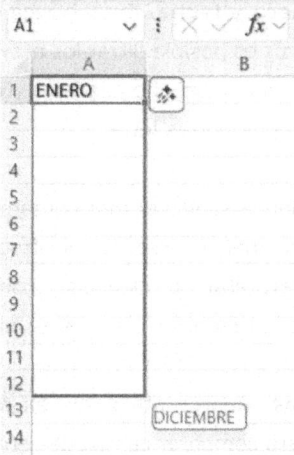

Fig. 12. El controlador de relleno es un pequeño cuadrado situado en la esquina inferior derecha de la celda seleccionada

Además del relleno automático, Excel ofrece la opción de **series personalizadas,** accesibles desde la pestaña *Inicio>Rellenar>Series,* donde se pueden definir progresiones aritméticas o geométricas.

La **ordenación** y los **filtros básicos de datos** es otra función imprescindible. Cuando se trabaja con tablas extensas, resulta imprescindible poder ordenar y filtrar información para localizar datos específicos o analizarlos con mayor claridad:

- **Ordenar datos.** Permite reorganizar una columna en orden ascendente (de menor a mayor) o descendente (de mayor a menor). También se pueden ordenar varias columnas a la vez, eligiendo prioridades (por ejemplo, ordenar primero por "Ciudad" y después por "Nombre").
- **Filtro automático.** Activa un desplegable en cada encabezado de columna que permite mostrar solo los registros que cumplen una condición. Por ejemplo, en una lista de ventas, se pueden mostrar únicamente los clientes de una ciudad o las operaciones realizadas en un mes concreto.
- **Filtros de texto, número y fecha.** Excel ofrece opciones avanzadas según el tipo de dato. Con números es posible filtrar los mayores que un valor, con fechas se pueden mostrar solo las de un año concreto y con textos se permite buscar palabras que comiencen por ciertas letras.

Por último, la información numérica suele ser más comprensible cuando se presenta de manera visual. Como ya se ha mencionado, Excel ofrece la posibilidad de **insertar gráficos** que permiten interpretar tendencias, comparar valores o mostrar proporciones. Los gráficos más utilizados en los niveles iniciales son:

- **De barras o columnas.** Representa datos en forma de barras verticales u horizontales. Es ideal para comparar cantidades entre distintos elementos, como ventas por producto o ingresos por trimestre.
- **De líneas.** Une los valores mediante una línea, lo que facilita la visualización de la evolución de un dato a lo largo del tiempo (por ejemplo, crecimiento mensual de usuarios).
- **Circular (o de sectores).** Muestra la proporción de cada valor respecto al total. Es útil para representar porcentajes, como la cuota de mercado de varias empresas.

Ejemplo

Insertar un gráfico es muy sencillo, basta con seleccionar los datos y pulsar en la pestaña *Insertar,* donde aparece el grupo de opciones de gráficos. Posteriormente, se pueden personalizar colores, títulos, etiquetas y leyendas:

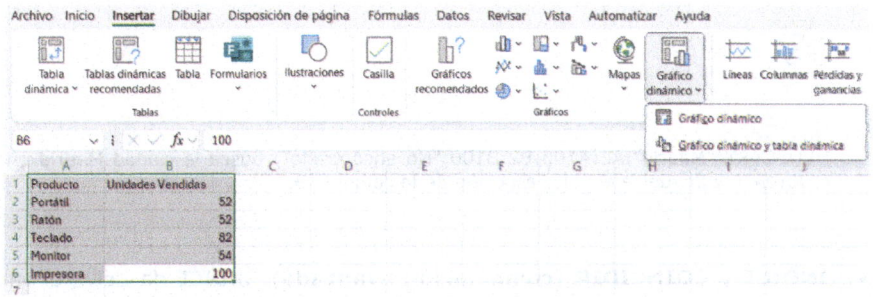

4. Uso avanzado de Excel

En el trabajo con hojas de cálculo extensas, una de las necesidades más frecuentes es **buscar un dato dentro de una tabla y devolver información asociada.** Excel dispone de varias funciones avanzadas diseñadas para este propósito que permiten automatizar búsquedas y relacionar información dispersa en una hoja de cálculo.

- **BUSCARV (búsqueda vertical).** Permite localizar un valor en la primera columna de una tabla y devolver el dato correspondiente de otra columna de la misma fila. Aunque como limitación cabe señalar que solo busca hacia la derecha. Su sintaxis es: =BUSCARV(valor_buscado; tabla; indicador_columna; [ordenado]).

Ejemplo

En una tabla con códigos de producto y precios, =BUSCARV(101;A2:C20;3;FALSO) devuelve el precio del producto con código 101.

- **BUSCARX (búsqueda flexible).** Supera las limitaciones de BUSCARV, ya que permite buscar tanto hacia la izquierda como hacia la derecha, además de ofrecer mayor control sobre resultados de error. Su sintaxis es: =BUSCARX(valor_buscado; matriz_buscar_en; matriz_devolver; [si_no_se_encuentra]).

=BUSCARX("Madrid";A2:A100;B2:B100;"No encontrado") busca la ciudad Madrid en la columna A y devuelve el valor asociado de la columna B.

- **ÍNDICE y COINCIDIR (combinación avanzada).** ÍNDICE devuelve el valor de una celda específica en una tabla a partir de su fila y columna, mientras que COINCIDIR devuelve la posición de un valor dentro de un rango. Combinadas permiten búsquedas más flexibles que BUSCARV.

=COINCIDIR("Barcelona";A2:A20;0) devuelve el número de fila donde aparece "Barcelona".
=ÍNDICE(B2:B20;COINCIDIR("Barcelona";A2:A20;0)) devuelve el valor de la columna B asociado a "Barcelona".

Otra de las funciones avanzadas de Excel son las **tablas dinámicas.** Estas permiten resumir grandes volúmenes de datos de manera rápida y flexible, por lo que el usuario puede reorganizar la información sin necesidad de modificar los datos originales. Por otro lado, facilitan agrupar y desglosar información (por ejemplo, ventas por región y por trimestre); y admiten cálculos automáticos como sumas, promedios o conteos.

Para crear una tabla dinámica, primero se selecciona la tabla de datos. En la pestaña *Insertar,* se elige la opción *Tabla dinámica.* Excel abre un panel en el que se arrastran los campos hacia las áreas de filas, columnas, valores o filtros.

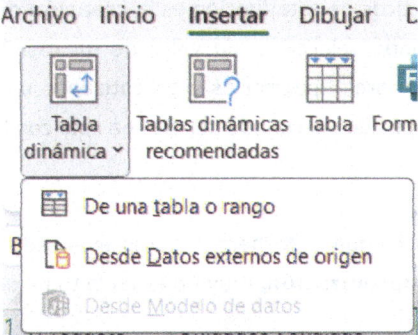

Fig. 13. Las tablas dinámicas permiten resumir miles de registros en segundos

Un complemento de las tablas dinámicas son las **segmentaciones de datos,** que consisten en paneles interactivos con botones que permiten filtrar la información de manera visual. Con ellas, es posible hacer análisis más intuitivos y rápidos. Por ejemplo, una tabla con datos de ventas puede convertirse en una tabla dinámica que muestre el total de ventas por ciudad, y mediante una segmentación de datos se puede filtrar instantáneamente para ver solo una región concreta.

Por otro lado, cuando se trabaja con hojas de cálculo compartidas o con grandes volúmenes de información, es importante controlar la calidad de los datos introducidos. Para ello, Excel incorpora la herramienta de **validación de datos,** que establece reglas sobre lo que puede escribirse en una celda. Algunas de sus aplicaciones más comunes son:

- **Restringir el tipo de valor.** Se puede definir que en una celda solo se acepten números enteros, decimales dentro de un rango, fechas en un periodo concreto o textos con un número máximo de caracteres.
- **Evitar errores de introducción.** Por ejemplo, impedir que se registren porcentajes superiores al 100% o valores negativos en un campo de cantidades.
- **Mensajes personalizados.** Al configurar la validación, es posible mostrar un mensaje de entrada (para guiar al usuario sobre qué escribir) y un mensaje de error en caso de incumplir la regla.

Uno de los usos más prácticos de esta función es la **creación de listas desplegables.** Esto permite que el usuario seleccione un valor de un menú en lugar de escribirlo manualmente, evitando errores tipográficos y garantizando uniformidad. Por ejemplo, en un campo "Estado del pedido", se puede definir una lista con las opciones "Pendiente, En proceso, Finalizado".

Excel también ofrece un conjunto de herramientas avanzadas que permiten realizar **análisis de hipótesis y optimización,** muy útiles en la toma de decisiones. Entre ellas destacan:

- **Buscar objetivo** *(Datos>Análisis de hipótesis>Buscar objetivo)*. Permite calcular qué valor debe tener una celda para que una fórmula alcance un resultado deseado.

Si en una celda se calcula el beneficio en función del precio de venta, con *Buscar objetivo* se puede determinar cuál debe ser el precio para obtener un beneficio concreto.

- **Escenarios** *(Datos>Análisis de hipótesis>Administrador de escenarios)*. Permiten analizar diferentes situaciones cambiando varios valores de entrada a la vez.

Una empresa puede crear un escenario de "Ventas optimistas", otro de "Ventas conservadoras" y un tercero de "Ventas pesimistas" para comparar los resultados financieros bajo cada hipótesis.

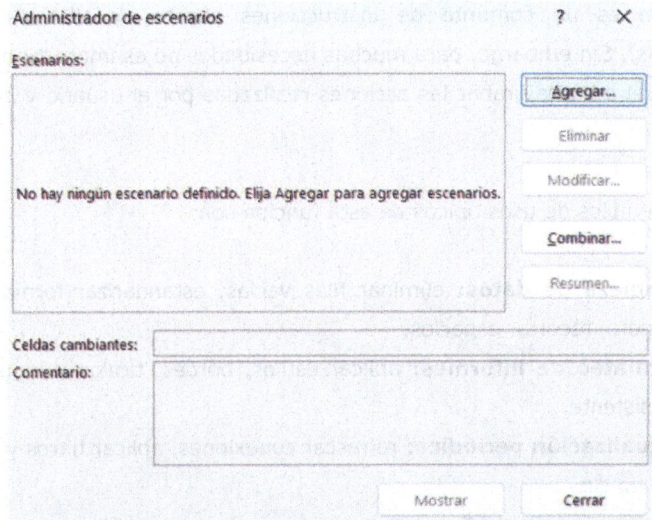

Fig. 14. El Administrador de escenarios permite crear, modificar y comparar distintos escenarios para analizar posibles resultados en una hoja de cálculo

- **Solver** *(Complementos>Solver).* Es una herramienta más avanzada que permite encontrar el valor óptimo de una celda (máximo, mínimo o un valor específico) variando varias celdas de entrada, y todo ello sujeto a restricciones. Es necesario activarlo previamente desde las opciones de Excel.

Determinar la mejor combinación de productos que maximice los beneficios sin superar una capacidad de producción o un presupuesto establecido.

Para finalizar con las funciones avanzadas, cabe señalar la **automatización con macros básicas.** Esta función permite grabar y reproducir secuencias de acciones en Excel para realizar tareas repetitivas con un solo clic o atajo de teclado.

Una macro es un conjunto de instrucciones escrito en **VBA** *(Visual Basic for Applications).* Sin embargo, para muchas necesidades no es imprescindible programar, ya que Excel permite grabar las acciones realizadas por el usuario y guardarlas como macro.

Algunos ejemplos de usos típicos de esta función son:

- **Limpieza de datos:** eliminar filas vacías, estandarizar formatos de fecha y número, recortar espacios.
- **Formateo de informes:** aplicar estilos, bordes, títulos y logotipos de forma consistente.
- **Actualización periódica:** refrescar conexiones, aplicar filtros y exportar a PDF con un clic.
- **Generación de gráficos:** construir un conjunto de gráficos sobre el rango actual o la tabla del día.

Para comenzar con la automatización conviene conocer los pasos a seguir y algunas decisiones previas sobre dónde guardar la macro y cómo se ejecutará posteriormente.

1. **Activación la ficha *Desarrollador*.** Es recomendable habilitar la ficha *Desarrollador* (opciones de Excel) para disponer de accesos directos a *Grabar macro, Macros, Seguridad de macros* y el *Editor de VBA.*

2. **Elección del destino de la macro:**

   - Este libro: la macro solo estará disponible en el archivo actual.
   - Libro de macros personal (PERSONAL.XLSB): la macro quedará disponible para todos los libros en el equipo del usuario.
   - Nuevo libro: útil para separar automatizaciones de los datos.

   En todos los casos, si el archivo contiene macros debe guardarse como .xlsm (libro habilitado para macros) o .xlam (complemento).

3. **Grabación de una macro** (sin programar):

   - Se inicia con *Desarrollador>Grabar macro.*
   - Se asigna nombre, tecla de método abreviado (opcional) y ubicación.
   - Se realizan las acciones a automatizar (dar formato a una tabla, limpiar datos, crear un gráfico, aplicar filtros, etc.).
   - Se detiene la grabación. A partir de entonces, la macro puede ejecutarse desde *Desarrollador>Macros* o con el atajo asignado.

4. **Referencias relativas vs. absolutas en la grabación:**

   - Modo absoluto (predeterminado): la macro "recuerda" celdas concretas (por ejemplo, aplica formato a B2:D10).
   - Modo relativo: la macro actúa en relación con la celda activa (por ejemplo, dar formato al rango seleccionado partiendo de la posición actual).

Elegir bien el modo evita que la macro falle al ejecutarse sobre datos en ubicaciones distintas.

5. **Ejecución y asignación a controles.** Desde *Desarrollador>Macros* o con el atajo definido, se hace la asignación a un botón de formulario o a una forma (clic derecho>*Asignar macro*). Esto facilita que cualquier usuario del archivo ejecute la tarea sin navegar por menús.

6. **Edición básica en el Editor de VBA** (opcional). Aunque no es obligatorio programar, conocer el editor permite ajustar pequeños detalles (por ejemplo, quitar selecciones innecesarias o parametrizar un rango). El código grabado suele ser "verbo a verbo" de las acciones (*Select, Copy,* etc.), por lo que simplificarlo mejora estabilidad y rendimiento. Un ajuste típico es sustituir selecciones por referencias directas a rangos (por ejemplo, Range("A1").CurrentRegion.ClearContents en lugar de seleccionar primero).

Por otro lado, también se puede establecer una **seguridad de macros y confianza.** Es decir, las macros pueden deshabilitarse por seguridad. Es posible configurar el nivel de protección desde *Desarrollador>Seguridad de macros* o desde el *Centro de confianza.* Por ejemplo, para distribuir archivos con macros en la organización, conviene firmarlos digitalmente o ubicarlos en ubicaciones de confianza (carpetas marcadas como seguras). Al abrir un archivo con macros, Excel puede mostrar un aviso de seguridad para habilitarlas. Es importante habilitarlas solo si el origen es confiable.

Por tanto, algunas buenas prácticas de automatización a tener en cuenta son:

- Planificar el proceso: qué entradas tiene, qué pasos repetitivos existen y cuál es el resultado esperado.
- Trabajar sobre tablas estructuradas (Ctrl+T) y nombres de rango para que la macro se adapte a cambios de tamaño en los datos.
- Evitar pasos innecesarios y selecciones, es decir, actuar directamente sobre rangos y objetos.
- Incorporar comprobaciones mínimas (por ejemplo, verificar si hay datos antes de borrar).
- Documentar en el propio libro un breve instructivo: qué hace la macro, cómo se ejecuta, supuestos y limitaciones.

 **Importante**

¿Cuándo no usar macros?
- Si el archivo va a circular por entornos con políticas estrictas que bloquean macros, puede resultar inviable.
- Para automatizaciones que dependan de fuentes externas complejas, quizá convenga evaluar *Power Query* (para transformar datos) o *Power Automate* (para flujos entre aplicaciones) antes que una macro tradicional.
- Si se requiere trazabilidad, control de errores avanzado o despliegue masivo, un complemento firmado o soluciones sin macros pueden ser más adecuadas.

5. Elaboración de una hoja de cálculo con Excel

Para ilustrar el proceso de elaboración de una hoja de cálculo con Excel e integrar los conocimientos adquiridos en los apartados anteriores, se va a plantear un supuesto práctico en una organización.

Una empresa necesita controlar sus gastos mensuales (alquiler, suministros, salarios, material de oficina, etc.) y clasificarlos por categorías. Además, requiere un informe que muestre la evolución de los gastos a lo largo del año y que permita identificar qué categorías concentran mayor peso en el presupuesto. Por tanto, la herramienta seleccionada para resolverlo es Excel, ya que permite registrar la información, aplicar fórmulas automáticas, visualizar datos en gráficos y generar informes dinámicos.

En primer lugar, hay que establecer el **diseño de la estructura de la hoja de cálculo**. Antes de empezar a introducir datos en Excel, es fundamental planificar la estructura de la hoja de cálculo, ya que de ello dependerá la claridad y facilidad de uso. Para este ejemplo de control de gastos, la organización básica puede ser la siguiente:

- **Encabezados principales:**
  - o Fecha: día en que se registra el gasto.
  - o Categoría: tipo de gasto (Alquiler, Suministros, Material de oficina, Salarios, Transporte, Otros).
  - o Descripción: detalle opcional para identificar el gasto (por ejemplo, "Factura de electricidad enero").
  - o Importe: cantidad monetaria del gasto.
  - o Método de pago: efectivo, tarjeta o transferencia.
  - o Observaciones: espacio libre para notas adicionales.

- **Tablas auxiliares de control.** Se recomienda crear, en otra hoja o al lado de la tabla principal, un listado con las categorías de gasto predefinidas y los métodos de pago. Esto permitirá usarlos más adelante en listas desplegables para evitar errores de escritura y mantener la uniformidad de los datos.

- **Formato de la tabla principal.** Conviene aplicar la opción *Dar formato como tabla* en Excel, lo que permite manejar los datos de manera dinámica, facilitando la aplicación de filtros, el ordenamiento y la actualización de cálculos.

- **Área de resultados.** En la parte inferior o en una hoja separada se reservará un espacio para los totales mensuales y anuales, además de gráficos que muestren la distribución de gastos por categoría.

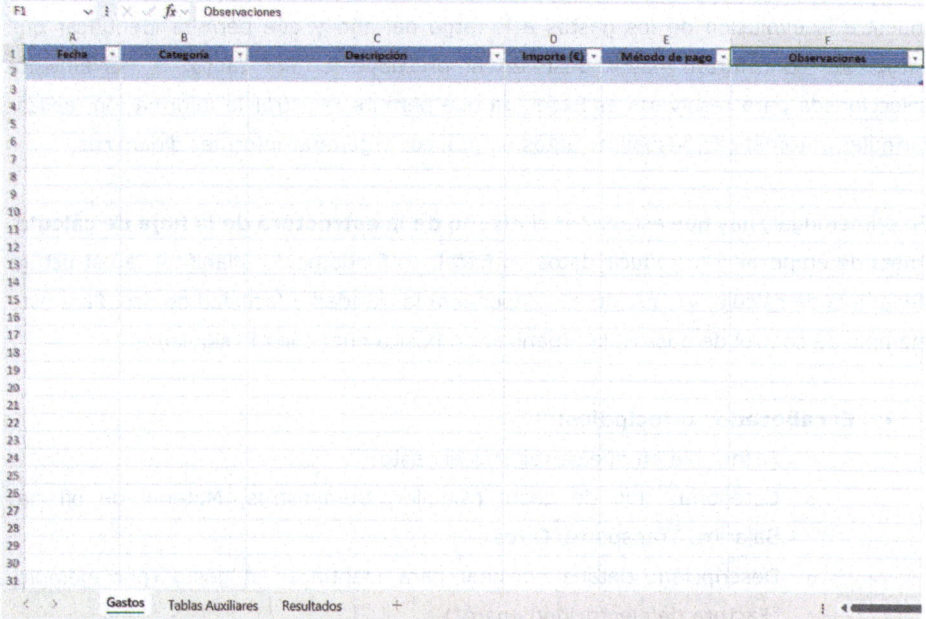

Fig. 15. El resultado es una hoja de cálculo ordenada y lista para incorporar las operaciones que convertirán los datos en información útil para la empresa

A continuación, se lleva a cabo la **inserción de fórmulas y funciones**. Una vez diseñada la estructura de la tabla de gastos, el siguiente paso es automatizar cálculos mediante fórmulas y funciones que permitan obtener resultados de manera rápida y precisa. En este caso, se pueden aplicar las siguientes operaciones:

- **Cálculo de gastos totales.** Suma todos los importes de la columna "Importe", ofreciendo el total de gastos acumulados. La fórmula es =SUMA(D2:D100).

- **Gastos por categoría.** Se pueden usar funciones condicionales como:

  - =SUMAR.SI(B2:B100;"Alquiler";D2:D100) → devuelve el total de gastos clasificados como "Alquiler".
  - =SUMAR.SI(B2:B100;"Suministros";D2:D100) → devuelve el total de gastos clasificados como "Suministros".

Estas funciones permiten comparar fácilmente cuánto se destina a cada categoría.

- **Gastos por mes.** Para calcular el total de un mes concreto, se utiliza:

  - =SUMAR.SI(C2:C100;"*Enero*";D2:D100) si se ha registrado el mes en la descripción.
  - O bien, extrayendo el mes de la columna "Fecha" con la función MES() y aplicando un SUMAR.SI.CONJUNTO.

Por ejemplo, =SUMAR.SI.CONJUNTO(D2:D100;MES(A2:A100);1) suma los gastos correspondientes al mes de enero (mes 1).

- **Promedio de gastos.** Indica la media de gasto por operación registrada. La fórmula es =PROMEDIO(D2:D100)

- **Mayor y menor gasto registrado:**

  - =MAX(D2:D100) devuelve el gasto más elevado.
  - =MIN(D2:D100) devuelve el gasto más bajo.

- **Validación de gastos frente a presupuesto.** Si la empresa tiene un presupuesto mensual, se puede comparar con el gasto real mediante una fórmula condicional, como: =SI(SUMA(D2:D100)>2000;"Presupuesto superado";"Dentro del presupuesto")

El tercer paso es la **representación gráfica de los resultados**. Los cálculos numéricos aportan información, pero los gráficos permiten visualizar de forma clara las tendencias y proporciones. En este ejemplo, los gráficos más útiles son:

- **Gráfico circular (gastos por categoría).** Representa qué porcentaje del gasto corresponde a cada categoría (Alquiler, Suministros, Salarios, etc.). Ayuda a identificar rápidamente qué áreas concentran mayor peso en el presupuesto.

- **Gráfico de columnas (evolución mensual de gastos).** Muestra la suma de gastos mes a mes, lo que facilita detectar patrones, picos de gasto o meses en los que se gasta menos. Ideal para hacer comparativas a lo largo del año.

- **Gráfico de líneas (tendencia global).** Refleja la evolución del gasto total acumulado en el tiempo. Es útil para ver si el gasto crece de manera lineal o si hay meses con aumentos repentinos.

Sugerencia

Opciones de personalización:
- Añadir títulos descriptivos ("Distribución de gastos por categoría").
- Insertar etiquetas de datos para mostrar los valores en cada sección o barra.
- Cambiar colores para distinguir categorías de manera visual y clara.

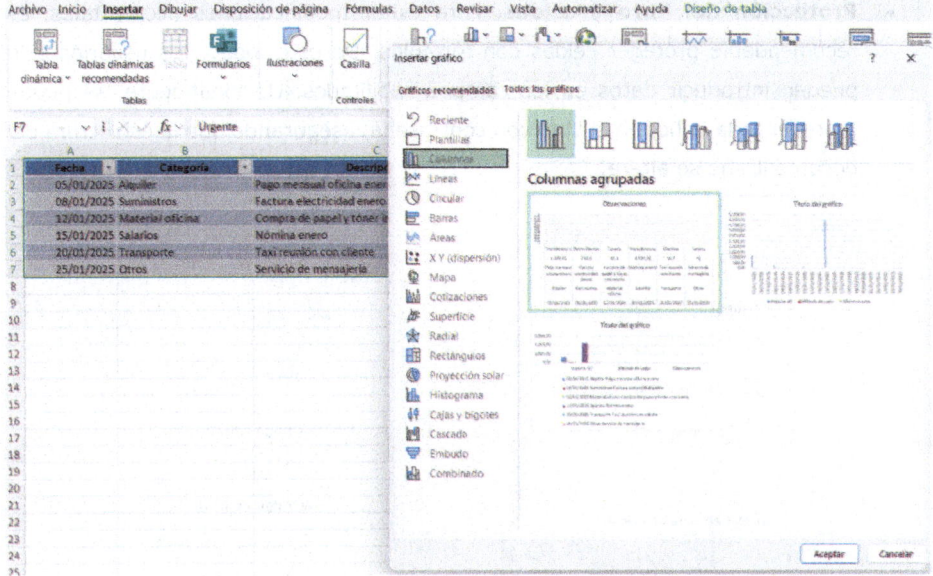

Fig. 16. Estos gráficos convierten la hoja en una herramienta de comunicación, útil para presentaciones ante la dirección o reuniones de seguimiento

Por último, la **revisión, validación y presentación final del documento**. Una vez elaborada la hoja de cálculo con los datos, fórmulas y gráficos, el paso final consiste en revisar y preparar el archivo para que pueda ser utilizado por terceros o presentado en un entorno profesional. Las tareas clave en esta fase son:

- **Revisión de datos:**
    - o Comprobar que no existan celdas en blanco en las columnas esenciales (fecha, categoría, importe).
    - o Verificar que los importes introducidos son coherentes y no presentan valores negativos o erróneos.
    - o Validar que las categorías utilizadas coinciden con las listas desplegables previamente definidas, evitando duplicados por errores de escritura (por ejemplo, "Suministro" en lugar de "Suministros").

- **Protección del libro y celdas.** Para evitar modificaciones accidentales, es recomendable proteger celdas con fórmulas. De este modo, los usuarios solo pueden introducir datos en los campos habilitados. Opcionalmente, se puede proteger toda la hoja o el libro con contraseña, asegurando que la estructura del documento no se altere.

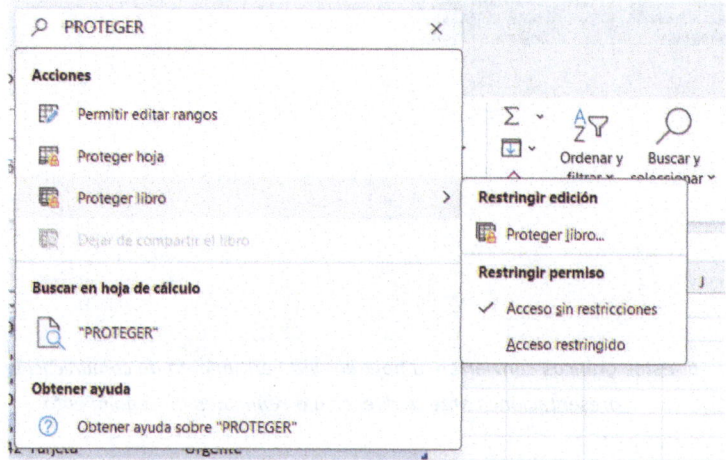

Fig .17. Se pueden utilizar varias opciones para proteger el libro y las celdas

- **Formato y diseño profesional:**
  - Aplicar un formato uniforme en toda la tabla: misma fuente, tamaño de letra, colores y estilos.
  - Destacar los totales y subtotales con negrita o bordes.
  - Alinear correctamente los valores numéricos y monetarios para facilitar la lectura.
  - Insertar un encabezado con el nombre de la empresa y el título del documento ("Control de gastos 2025").

- **Validación de cálculos:**
  - Revisar fórmulas y funciones para asegurarse de que incluyen todo el rango de datos.
  - Realizar pruebas con valores ficticios para confirmar que los cálculos automáticos (SUMA, PROMEDIO, SUMAR.SI) funcionan correctamente.

- o Verificar que los gráficos se actualizan automáticamente al añadir nuevos datos en la tabla.

- **Presentación final:**
  - o Preparar una hoja resumen con los principales indicadores: gasto total, gasto mensual y gráfico de distribución por categorías.
  - o Ajustar la impresión: configurar márgenes, orientación (vertical u horizontal) y escala para que el informe quepa en una o dos páginas impresas.
  - o Si el documento va a compartirse de forma digital, guardarlo en formato .xlsx o en formato .pdf para facilitar su distribución sin riesgo de cambios.

- **Compartición en la nube:**
  - o Guardar el archivo en OneDrive y compartirlo con los miembros del equipo o la dirección de la empresa.
  - o Definir permisos de acceso: solo lectura (si se trata de un informe final) o edición (si el documento seguirá actualizándose de forma colaborativa).

Resumen

Microsoft Excel es una herramienta esencial de hojas de cálculo que permite organizar, analizar y presentar información de manera estructurada. Su base de trabajo son los libros, que contienen hojas de cálculo compuestas por filas y columnas donde se localizan las celdas, la unidad mínima de almacenamiento de datos.

La interfaz de Excel incluye la cinta de opciones, que agrupa comandos en pestañas; la barra de fórmulas, donde se editan contenidos y cálculos; y la barra de acceso rápido, que facilita la ejecución de funciones frecuentes.

El programa no solo sirve para introducir datos, sino que también permite dar formato a números, fechas y textos, asegurando su correcta interpretación. A través de fórmulas y funciones (como SUMA, PROMEDIO, MAX, MIN), Excel automatiza cálculos y evita errores manuales. Las referencias relativas, absolutas y mixtas facilitan la reutilización de fórmulas en diferentes contextos.

Entre sus herramientas más destacadas están las tablas dinámicas, que permiten resumir grandes volúmenes de datos; y las funciones de búsqueda (BUSCARV, BUSCARX, ÍNDICE y COINCIDIR), que relacionan información dispersa. Por otro lado, el relleno automático y los filtros simplifican el manejo de listas extensas, mientras que la validación de datos asegura la coherencia de la información introducida. La representación gráfica es otro aspecto clave, ya que transforma cifras en visualizaciones intuitivas como gráficos de barras, líneas o circulares.

En niveles más avanzados, Excel incluye herramientas como Solver, Escenarios y Buscar objetivo, que permiten realizar análisis de hipótesis y optimización. Asimismo, ofrece la posibilidad de crear y ejecutar macros posibilita la automatización de tareas repetitivas, aumentando la productividad.

Por último, un aspecto diferencial de Excel actual es su integración con Microsoft 365, que permite almacenar y compartir archivos en OneDrive, colaborar en tiempo real a través de Teams y conectarse con herramientas como Power BI.

Glosario

Área de trabajo

Espacio principal de la hoja de cálculo compuesto por filas y columnas, donde se introducen y gestionan los datos.

Celda

Unidad mínima de trabajo en Excel, formada por la intersección de una fila y una columna. Se identifica mediante una referencia (ejemplo: B3).

Datos

Información introducida en una celda, que puede ser numérica, textual, de fecha, hora o lógica.

Filtros

Herramientas que permiten mostrar solo los registros de una tabla que cumplen determinadas condiciones.

Gráfico

Representación visual de datos numéricos que facilita la interpretación de información (tipos comunes: columnas, barras, líneas, circulares).

Hoja de cálculo

Página de trabajo dentro de un libro de Excel, organizada en filas y columnas.

Libro

Archivo de Excel en su conjunto, con extensión .xlsx, que puede contener una o varias hojas de cálculo.

Macros

Secuencias de comandos que permiten automatizar tareas repetitivas en Excel. Pueden grabarse sin necesidad de programar o desarrollarse en VBA.

OneDrive

Servicio de almacenamiento en la nube de Microsoft que permite guardar, sincronizar y compartir archivos de Excel desde cualquier dispositivo.

Pestañas

Secciones de la cinta de opciones que agrupan herramientas relacionadas. Ejemplo: la pestaña "Insertar" contiene opciones para gráficos, tablas y objetos.

Power BI

Herramienta de Microsoft que permite crear cuadros de mando avanzados y conectarse con Excel para análisis de datos más profundos.

Ejercicios de autoevaluación

1. ¿Cuál es la unidad mínima de trabajo en una hoja de cálculo de Excel?

    a. Fila.

    b. Columna.

    c. Celda.

    d. Hoja.

2. ¿Qué elemento de Excel muestra y permite editar el contenido de la celda activa?

    a. Área de trabajo.

    b. Barra de fórmulas.

    c. Cinta de opciones.

    d. Barra de estado.

3. ¿Qué función se utiliza para calcular el valor promedio de un rango de celdas?

    a. SUMA.

    b. MAX.

    c. MIN.

    d. PROMEDIO.

4. ¿Qué tipo de referencia se mantiene fija al copiar una fórmula en Excel?

    a. Relativa.

    b. Mixta.

    c. Absoluta.

    d. Condicional.

5. ¿Cuál de los siguientes gráficos es más adecuado para mostrar la evolución de un dato en el tiempo?

    a. Circular.

    b. Columnas.

    c. Líneas.

    d. Barras.

6. ¿Qué herramienta permite resumir y reorganizar grandes volúmenes de datos en Excel?

    a. Tabla dinámica.

    b. Solver.

    c. Buscar objetivo.

    d. Validación de datos.

7. ¿Qué función sustituye a BUSCARV en las versiones más recientes de Excel, permitiendo búsquedas más flexibles?

    a. ÍNDICE.

    b. COINCIDIR.

    c. FILTRAR.

    d. BUSCARX.

8. ¿Cuál de estas opciones permite restringir la información introducida en una celda para garantizar coherencia?

    a. Ordenar datos.

    b. Macros.

    c. Validación de datos.

    d. Relleno automático.

9. ¿En qué servicio de Microsoft se pueden guardar los archivos de Excel para acceder desde cualquier dispositivo?

a. Teams.
b. Outlook.
c. OneDrive.
d. Power BI.

10. ¿Qué herramienta avanzada de Excel se utiliza para encontrar el valor óptimo de una celda bajo ciertas restricciones?

a. Buscar objetivo.
b. Escenarios.
c. Tablas dinámicas.
d. Solver.

U. A. 2. Creación de documentos con Word

Introducción

Microsoft Word es el procesador de textos de referencia en el ámbito profesional y educativo. Su función principal es permitir la creación, edición y maquetación de documentos de calidad. A diferencia de editores simples de texto, Word integra herramientas de formato, corrección ortográfica, inserción de gráficos y tablas, creación de índices y bibliografías, así como funciones de colaboración en línea gracias a su integración con Microsoft 365.

Además, la aplicación no se limita a la redacción de textos sencillos, sino que ofrece recursos avanzados que facilitan la elaboración de informes, manuales, cartas, publicaciones académicas o corporativas; e integra funciones que mejoran la productividad, como la autocorrección, los estilos rápidos, los temas, el control de cambios o la exportación directa a formatos como PDF.

Objetivos

- Reconocer la interfaz de Word y manejar sus elementos principales (cinta de opciones, barra de herramientas, área de trabajo, barra de estado).
- Crear documentos en blanco o a partir de plantillas, aplicando los formatos adecuados según el tipo de documento.
- Aplicar formato a caracteres, párrafos y páginas, garantizando una presentación coherente y profesional.
- Insertar y gestionar elementos como imágenes, tablas, gráficos, hipervínculos, encabezados, pies de página y numeración.
- Utilizar herramientas de edición y revisión (copiar, pegar, buscar, reemplazar, corrector ortográfico y gramatical, control de cambios).
- Trabajar con estilos y temas para mantener coherencia visual en documentos extensos y facilitar la creación de índices automáticos.
- Emplear herramientas de maquetación avanzada (secciones, columnas, saltos de página, portadas, referencias).
- Guardar, exportar y compartir documentos en distintos formatos (.docx, .pdf, .rtf, .odt), incluyendo opciones de colaboración en la nube con OneDrive y Microsoft 365.
- Preparar documentos para impresión y distribución digital, asegurando su correcta presentación en distintos contextos.

1. Introducción a Word

Microsoft Word es la aplicación de referencia en el ámbito de la **edición y tratamiento de textos.** Su objetivo principal es facilitar la creación de documentos estructurados, claros y profesionales, que pueden adaptarse a distintos fines: desde informes administrativos hasta manuales, cartas o publicaciones. Más allá de la escritura, Word integra herramientas de maquetación, estilos, revisión y colaboración, lo que lo convierte en una herramienta imprescindible para la comunicación escrita.

A diferencia de los editores de texto simples (como el Bloc de notas), Word no se limita a mostrar caracteres en pantalla, sino que integra una amplia gama de funciones orientadas a la producción de documentos profesionales. Las **funciones** básicas que lo caracterizan son las siguientes:

- **Redacción y edición avanzada:**
  - o Permite escribir textos extensos, aplicar correcciones ortográficas y gramaticales de manera automática y utilizar herramientas de sugerencia de estilo.
  - o Incorpora funciones de autocorrección y predicción de texto, que aceleran la escritura y reducen errores.

- **Formato de caracteres y párrafos:**
  - o Ofrece una gran variedad de fuentes, tamaños, colores y estilos (negrita, cursiva, subrayado).
  - o Permite aplicar alineaciones, interlineado, sangrías y espaciados personalizados para mejorar la presentación visual del documento.

- **Inserción de objetos y elementos gráficos.** A diferencia de un editor básico, permite insertar imágenes, tablas, gráficos, vínculos, encabezados, pies de página y muchos otros recursos que enriquecen el contenido.

- **Gestión de documentos extensos.** Incluye herramientas para generar índices, tablas de contenido, referencias cruzadas, notas al pie y bibliografías, lo que lo hace ideal para informes, manuales o trabajos académicos.

- **Colaboración y revisión:**
    - Gracias a su integración con Microsoft 365, es posible compartir documentos en OneDrive y editarlos en tiempo real junto con otros usuarios.
    - Ofrece funciones de control de cambios y comentarios, muy útiles en entornos colaborativos.

En cuanto a las diferencias con otros editores de texto, cabe señalar:

- Frente a editores básicos (ej. Bloc de notas), ofrece múltiples opciones de formato y diseño, mientras que un editor básico solo gestiona texto plano sin estilos ni gráficos.
- Frente a procesadores alternativos (ej. Google Docs, LibreOffice Writer):
    - Se caracteriza por su mayor compatibilidad con formatos profesionales y empresariales.
    - Dispone de más funciones avanzadas (referencias, secciones, temas, maquetación profesional).
    - Presenta una integración directa con otras aplicaciones de Microsoft 365, lo que potencia su uso en entornos corporativos.
    - Google Docs destaca por la facilidad de colaboración en línea, pero Word ha incorporado esta ventaja con su versión web y sincronización en OneDrive.

La interfaz de Word está diseñada para facilitar el acceso a todas sus funciones, organizándolas de manera lógica y visual. Conocer bien esta estructura permite moverse con rapidez y aprovechar todas las posibilidades que ofrece el programa. Los elementos más importantes de la interfaz son los que se mencionan a continuación.

Cinta de opciones

Es la barra situada en la parte superior y está dividida en pestañas *(Inicio, Insertar, Diseño, Referencias, Correspondencia, Revisar, Vista).* Dentro de cada pestaña, los comandos se agrupan en secciones (por ejemplo, en la pestaña *Inicio* aparecen los grupos: *Portapapeles, Fuente, Párrafo, Estilos y Edición).*

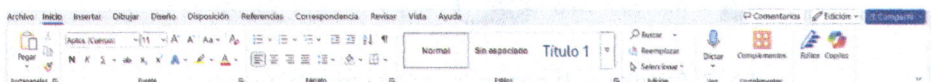

Fig. 1. Su diseño en formato iconográfico facilita identificar rápidamente la función deseada

Menú Archivo (vista *Backstage*)

Al hacer clic en *Archivo,* se accede a una vista diferente del documento donde se encuentran las funciones de gestión: crear un nuevo documento, abrir archivos, guardar, exportar, imprimir y compartir.

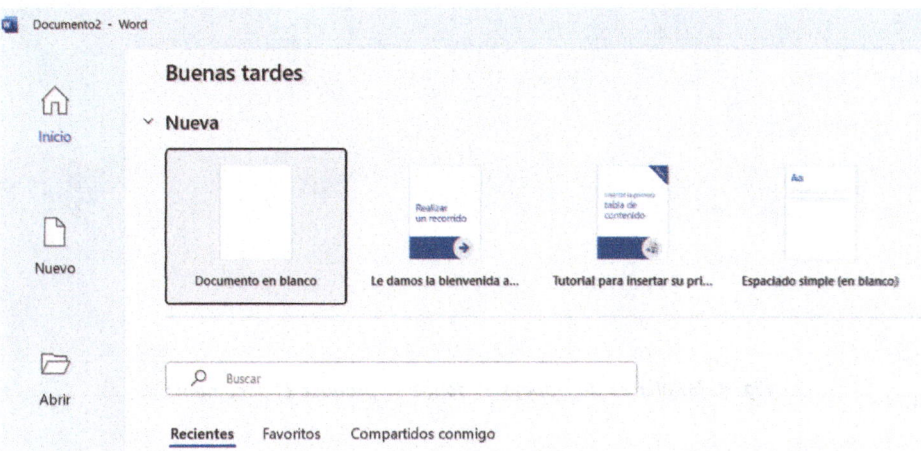

Fig. 2. Se le llama Backstage porque gestiona "lo que hay detrás del documento"

Barra de herramientas de acceso rápido

Contiene accesos directos a las funciones más utilizadas (guardar, deshacer, rehacer). El usuario puede personalizarla añadiendo botones según sus necesidades, lo que acelera mucho el trabajo diario.

Fig. 3. Se ubica en la parte superior izquierda de la ventana

Área de trabajo

Es el espacio central en el que se escribe y edita el documento. Aquí aparecen los márgenes de la página, el texto, las imágenes y demás elementos insertados.

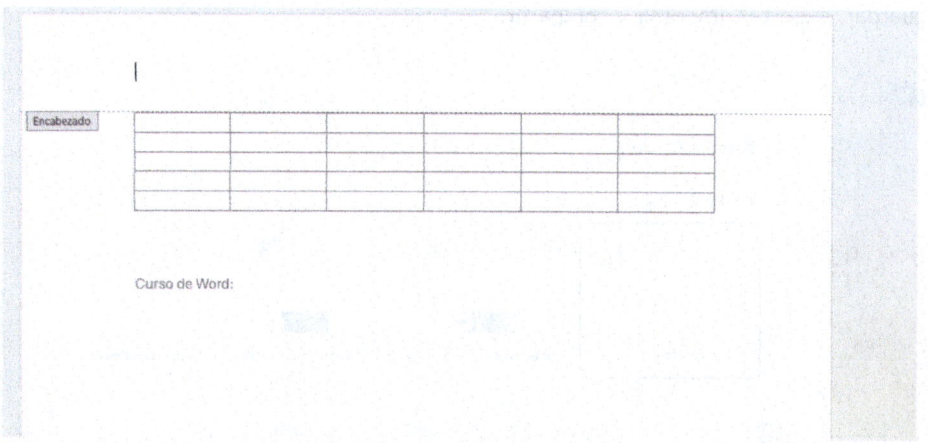

Fig. 4. En el área de trabajo es donde se produce el documento

Barra de estado

Muestra información útil como el número de páginas, cantidad de palabras escritas, idioma de revisión, y el modo de visualización actual (borrador, diseño de impresión, lectura). También incluye controles de zoom para ajustar la vista del documento.

Fig. 5. Situada en la parte inferior de la pantalla

Barra de desplazamiento y vista del documento

Permiten navegar entre páginas, desplazarse hacia arriba o abajo y cambiar la forma de visualizar el contenido.

Fig. 6. Se puede visualizar a página completa, esquema, lectura en pantalla, etc.

2. Creación de tu primer documento de texto

Al abrir Word, lo primero que aparece es la **pantalla de *Inicio,*** donde se ofrecen varias opciones para crear un documento. Comprender estas alternativas es importante porque permite elegir la forma más adecuada de empezar a trabajar según la finalidad del archivo. Las dos opciones principales son:

- **Documento en blanco.** Al seleccionarlo, Word abre una página en blanco, con la configuración predeterminada de márgenes, interlineado y fuente. Es ideal para redactar textos desde cero, sin estructuras predefinidas. Además, permite total libertad al usuario, aunque exige configurar manualmente todos los aspectos de diseño y formato si se busca una presentación más cuidada.

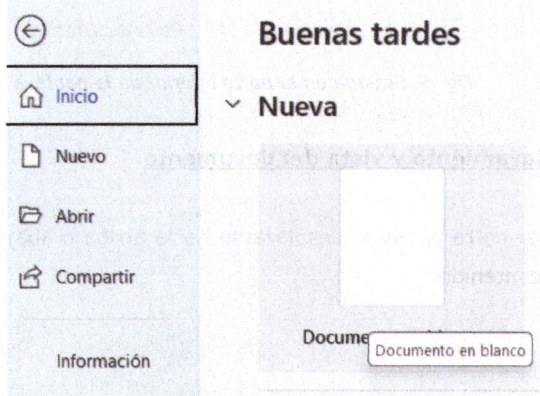

Fig. 1. Es la elección más habitual y sencilla

- **Plantillas prediseñadas.** Word incluye una amplia biblioteca de plantillas que ya tienen un diseño estructurado y adaptado a distintos usos. Estas permiten ahorrar tiempo y garantizar un aspecto profesional desde el inicio, ya que incluyen combinaciones de colores, tipografías y elementos gráficos preconfigurados. Además de las plantillas que aparecen en la pantalla inicial, el usuario puede buscar más en línea desde el propio Word, escribiendo palabras clave en el cuadro de búsqueda (por ejemplo: "Factura", "Proyecto", "Catálogo").

Fig. 2. Algunos ejemplos de plantillas prediseñadas son: currículums, cartas de presentación, informes, folletos, carteles, agendas o calendarios

Por otro lado, otras opciones de inicio son, en el panel lateral, accesos rápidos a documentos recientes, de modo que se puede continuar un trabajo anterior sin necesidad de buscarlo en las carpetas. También es posible elegir entre abrir un archivo existente desde el ordenador o desde la nube (OneDrive o SharePoint), lo que resulta muy útil en entornos colaborativos.

Anotación

Mientras que el documento en blanco es la mejor opción para quienes quieren control absoluto sobre la estructura, las plantillas prediseñadas son una alternativa práctica para ahorrar tiempo y asegurar una presentación profesional desde el primer momento.

Una vez creado un documento en Word, es fundamental conocer las **diferentes formas de guardarlo, abrirlo y compartirlo,** ya que de ello depende la seguridad, accesibilidad y compatibilidad del archivo.

Para **guardar documentos,** el formato predeterminado (.docx) es el estándar desde 2007. Ofrece compatibilidad total con las funciones avanzadas (estilos, imágenes, tablas, comentarios, etc.) y permite un tamaño de archivo más reducido gracias a la compresión XML. Otros formatos son:

- .doc: compatible con versiones antiguas de Word (anteriores a 2007).
- .rtf: texto con formato básico, compatible con la mayoría de procesadores.
- .odt: formato abierto usado por LibreOffice Writer y OpenOffice.
- .pdf: formato fijo, ideal para enviar documentos que no deben modificarse y conservarán el mismo aspecto en cualquier dispositivo.

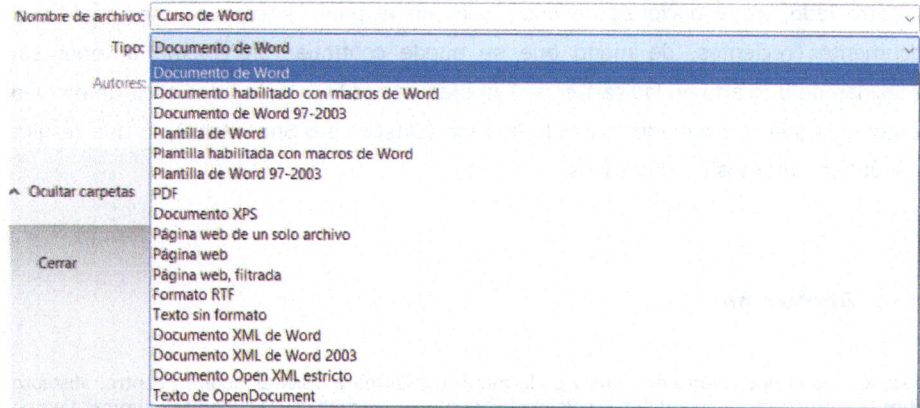

Fig. 3. Word ofrece una gestión flexible de archivos, permitiendo elegir el formato adecuado según la finalidad

Por otro lado, para **guardar automáticamente en OneDrive,** si el documento se crea directamente en la nube, Word activa la función de guardado automático, evitando pérdidas de información.

Para **abrir documentos,** Word permite abrir archivos almacenados en el ordenador, en OneDrive, en SharePoint o incluso adjuntos recibidos por correo electrónico. El programa es capaz de abrir documentos en otros formatos (por ejemplo, .txt o .odt), aunque puede haber ligeras variaciones de formato. La vista previa de documentos recientes, accesible desde el menú *Archivo>Abrir,* agiliza el acceso a trabajos ya iniciados.

Por último, para **compartir documentos** también ofrece varias opciones:

- **Desde el propio Word.** El botón *Compartir,* permite enviar un enlace del archivo almacenado en OneDrive. Se pueden asignar permisos de solo lectura o edición.

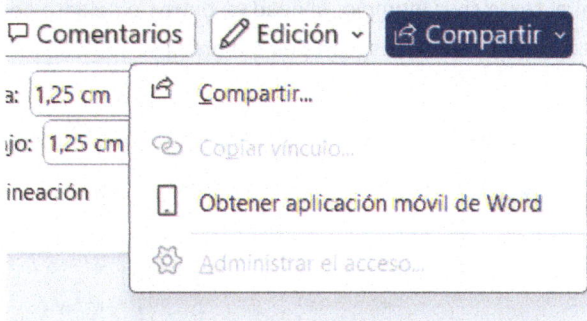

Fig. 4. Este botón se sitúa en la esquina superior derecha

- **Exportar a PDF.** La opción *Archivo>Exportar>Crear documento PDF/XPS* genera un archivo fijo, perfecto para presentaciones o envíos formales.

- **Colaboración en tiempo real.** Gracias a la integración con OneDrive, varios usuarios pueden trabajar simultáneamente en el mismo documento, viendo en pantalla los cambios de cada participante.

3. Inserción y edición

Uno de los grandes valores de Word frente a los editores de texto simples es la posibilidad de insertar distintos tipos de elementos que enriquecen el documento y lo convierten en un recurso más visual y profesional. Entre los más utilizados se encuentran el texto, las imágenes, las tablas y los vínculos.

En primer lugar, el **texto** es el elemento fundamental de cualquier documento. Se introduce simplemente escribiendo en el área de trabajo, pero además puede complementarse con opciones como la inserción de símbolos especiales (monedas, flechas, caracteres matemáticos) o ecuaciones, disponibles en la pestaña *Insertar*.

En segundo lugar, las **imágenes** se pueden insertar desde el propio equipo, desde un banco en línea o mediante capturas de pantalla. Una vez en el documento, Word ofrece herramientas para recortarlas, ajustar su tamaño, aplicar estilos y decidir cómo se relacionan con el texto (por ejemplo, alineadas, detrás o delante del texto). Esto último es especialmente útil en informes, carteles o manuales.

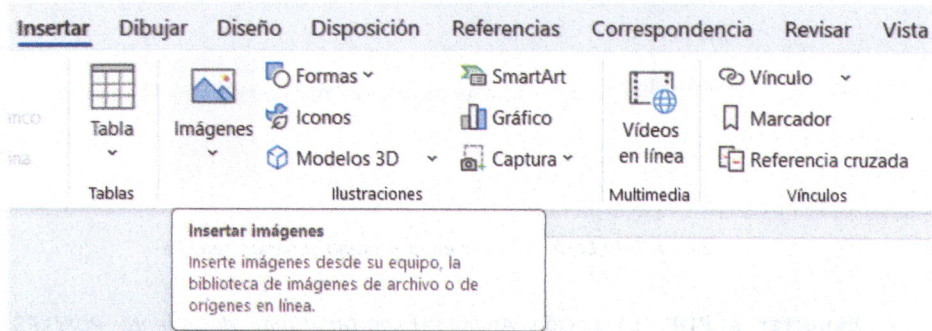

Fig. 5. Insertar imágenes permiten ilustrar o reforzar la información del documento

En tercer lugar, las **tablas** son un recurso muy utilizado para organizar información en filas y columnas. Permiten presentar datos de forma clara, como horarios, comparaciones de precios o listados de inventario. Word permite crear tablas desde cero, convertir texto separado por tabulaciones en tabla o insertar plantillas predefinidas. Además, ofrece herramientas de diseño y presentación que permiten aplicar colores, bordes y estilos para mejorar su legibilidad.

Finalmente, los **vínculos o hipervínculos** permiten conectar el documento con otros recursos, ya sean páginas web, correos electrónicos, otras secciones del mismo archivo o incluso documentos almacenados en OneDrive. Su uso es muy habitual en manuales, informes digitales o documentos compartidos en línea, ya que facilitan el acceso rápido a información complementaria.

Por otra parte, una vez creado un documento, el siguiente paso es editarlo para mejorar su claridad, corregir errores y facilitar su lectura. Word incorpora diversas herramientas que permiten trabajar con el contenido de forma rápida y eficiente, ahorrando tiempo al usuario y garantizando una presentación profesional.

Cuando se trata de mover o duplicar información, las funciones de **copiar, cortar y pegar** resultan esenciales. Copiar permite duplicar un fragmento de texto en otro lugar del documento, mientras que cortar lo traslada de una ubicación a otra. Pegar inserta el contenido en la nueva posición y puede hacerse conservando el formato original, adaptándolo al estilo del documento o pegando solo el texto sin formato. Estas opciones están disponibles en la pestaña *Inicio* y también mediante atajos de teclado (Ctrl+C, Ctrl+X, Ctrl+V).

Otra herramienta fundamental es **buscar y reemplazar,** que permite localizar una palabra, número o frase en el documento y, si se desea, sustituirla por otra de forma automática. La búsqueda avanzada incluso permite localizar coincidencias parciales, como palabras que comienzan con determinadas letras.

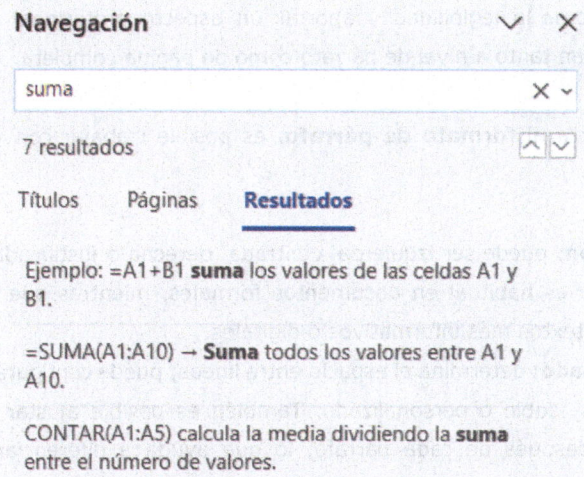

Fig. 6. Esto resulta muy útil en documentos extensos, por ejemplo, para cambiar todas las apariciones de una fecha concreta o corregir un error repetido

En cuanto a la calidad del texto, Word integra un **corrector ortográfico y gramatical** que señala en rojo las palabras mal escritas y en azul las frases con posibles errores de estilo. El usuario puede revisar cada sugerencia y decidir si la acepta o la ignora. Además, la herramienta de revisión también ofrece sinónimos y mejoras de redacción, lo que la convierte en un apoyo para pulir el estilo del documento.

Finalmente, conviene destacar la posibilidad de **deshacer y rehacer** cambios, accesibles desde la barra de herramientas de acceso rápido o con los atajos Ctrl+Z (deshacer) y Ctrl+Y (rehacer). Estas opciones ofrecen seguridad al trabajar, ya que permiten corregir errores inmediatos o recuperar acciones eliminadas por accidente.

4. Maquetación y estilo

La apariencia de un documento no depende únicamente del contenido, sino también de su presentación visual. Word ofrece múltiples opciones de formato que permiten dar coherencia, mejorar la legibilidad y aportar un aspecto profesional al texto. Estas opciones se aplican tanto a nivel de párrafo como de página completa.

En lo que respecta al **formato de párrafo,** es posible trabajar con varios aspectos clave:

- **Alineación:** puede ser izquierda, centrada, derecha o justificada. La alineación justificada es habitual en documentos formales, mientras que la izquierda se utiliza en textos más informativos o digitales.
- **Interlineado:** determina el espacio entre líneas; puede configurarse en sencillo, 1,5 líneas, doble o personalizado. También es posible ajustar los espaciados antes y después de cada párrafo, lo que ayuda a diferenciar secciones sin necesidad de insertar saltos de línea adicionales.
- **Sangrías:** muy útiles en documentos con estilo académico o informes detallados.

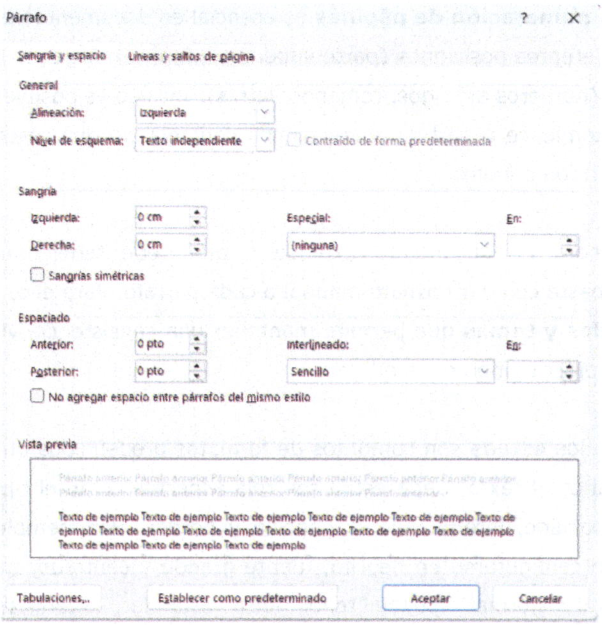

Fig. 7. La sangría puede ser en la primera línea o todo el párrafo

En cuanto al **formato de página,** existen varias configuraciones que afectan al documento en su conjunto. Entre ellas destacan los márgenes, que pueden ser predeterminados (normal, estrecho, moderado, ancho) o personalizados según las necesidades de impresión. También se puede modificar la orientación de la página, que puede ser vertical (la más habitual) u horizontal (útil en presentaciones o documentos con tablas amplias).

Otro aspecto importante es el **tamaño del papel,** que suele ser A4 por defecto, aunque es posible seleccionar otros formatos como A3, carta o legal.

Dentro de este apartado también se encuentran los **encabezados y pies de página,** elementos que se repiten en todas las páginas del documento. Sirven para incluir información complementaria como títulos, logotipos, numeración de páginas o referencias de autoría. Word permite editarlos de forma independiente al resto del contenido y personalizarlos con estilos o gráficos.

Por otro lado, la **numeración de páginas** es esencial en documentos extensos. Puede insertarse en diferentes posiciones (parte superior, inferior, márgenes laterales) y con distintos estilos (números arábigos, romanos, letras). Incluso es posible establecer que la numeración comience a partir de una página concreta, lo que resulta muy útil en informes con portada o índice.

Cuando se elabora un documento extenso o que debe tener una presentación profesional, no basta con dar formato manual a cada párrafo. Para ello, Word ofrece un sistema de **estilos y temas** que permite mantener una consistencia visual en todo el documento y ahorrar tiempo en la edición.

En primer lugar, los **estilos** son conjuntos de formatos predefinidos que se aplican de manera automática al texto. Cada estilo controla aspectos como el tipo y tamaño de letra, color, espaciado, interlineado, alineación y bordes. Por ejemplo, un estilo de "Título 1" puede configurarse en negrita, fuente grande y centrado, mientras que un estilo de "Párrafo normal" puede tener letra estándar, interlineado sencillo y justificación. La gran ventaja de los estilos es que, si se modifica un estilo, el cambio se aplica automáticamente a todos los párrafos que lo utilizan, garantizando uniformidad.

En segundo lugar, los **estilos rápidos** permiten aplicar con un solo clic combinaciones de formatos preestablecidos.

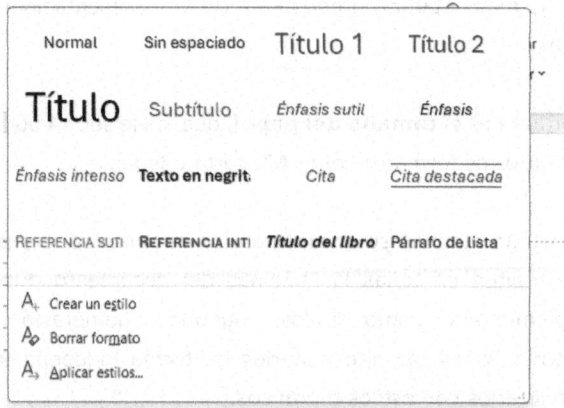

Fig. 8. Word incluye una galería de estilos visibles en la pestaña Inicio, con opciones como "Título 1", "Título 2", "Subtítulo" o "Énfasis"

También se pueden crear **estilos personalizados,** ajustando la tipografía, los colores o el espaciado a las necesidades de la empresa o institución. Esto es muy útil cuando se trabaja con documentos corporativos que deben cumplir normas de identidad visual.

Respecto a los **temas,** permiten aplicar una coherencia gráfica global al documento. Un tema afecta a la paleta de colores, la tipografía y los efectos visuales de todo el archivo. De este modo, todos los elementos del documento (títulos, tablas, gráficos o encabezados) quedan armonizados. Al igual que con los estilos, ofrece una gran variedad de temas prediseñados, aunque también permite crear y guardar temas propios.

El uso de estilos y temas no solo mejora la presentación del documento, sino que además facilita la creación de **índices automáticos** y la navegación mediante el panel de *Esquema.* Esto se debe a que los estilos de títulos (Título 1, Título 2, etc.) se utilizan como referencias para organizar la estructura del documento.

Además de los formatos básicos de párrafo y los estilos, Word ofrece una serie de **elementos de diseño avanzados** que permiten dotar al documento de una apariencia mucho más profesional y facilitar su organización, como:

- **Portadas.** Proporcionan una presentación inicial cuidada. Se insertan desde la pestaña *Insertar>Portada* y pueden incluir automáticamente datos como el título del documento, el autor, la fecha o el logotipo de la organización. Se ofrecen varios modelos prediseñados, aunque también se pueden personalizar para adaptarlos a la identidad corporativa. Una portada bien elaborada aporta un aspecto formal y facilita la identificación del documento.

- **Secciones**. Es fundamental en documentos largos o complejos. Las secciones permiten dividir el documento en partes independientes, cada una con su propio formato de página, numeración o encabezados y pies distintos. Esto resulta muy útil, por ejemplo, cuando una memoria incluye una portada sin numeración, un índice con numeración romana y un cuerpo de texto con numeración arábiga. Las secciones se gestionan desde *Diseño>Saltos>Saltos de sección.*

- **Columnas.** Permiten distribuir el texto en varias franjas verticales, como en periódicos, revistas o boletines informativos. Word permite definir el número de columnas (una, dos, tres o personalizadas), ajustar su ancho y el espacio entre ellas. Incluso es posible aplicar columnas solo a una parte del documento, dejando el resto en formato de página normal.

- **Saltos de página.** Son herramientas esenciales para controlar la estructura del documento. Con ellos se evita que el contenido se desplace automáticamente al añadir más texto. Existen distintos tipos:

  o Salto de página (para empezar en la siguiente).
  o Salto de columna (para pasar a la columna siguiente en un diseño de varias columnas).
  o Salto de sección (para dividir el documento en partes independientes).

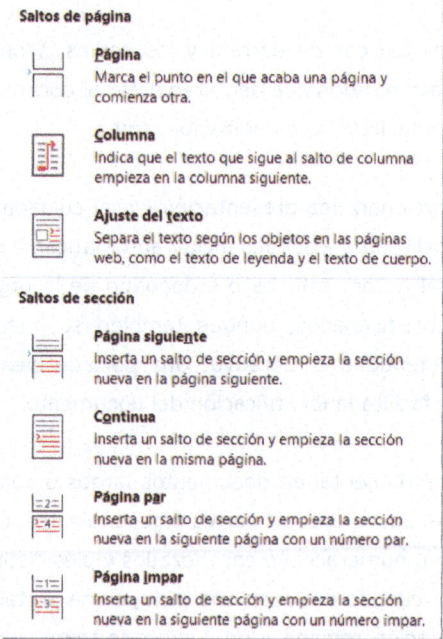

Fig. 9. Usarlos correctamente garantiza un documento ordenado y fácil de maquetar, sin depender de pulsar repetidamente la tecla Enter

5. Elaboración de un documento con Word

Antes de comenzar a redactar, es recomendable **planificar el documento.** Esta fase inicial permite organizar las ideas y evitar errores de maquetación o problemas de coherencia. La planificación se debe centrar en dos aspectos principales: el contenido y la estructura.

En cuanto al contenido, conviene responder a preguntas clave:

- ¿Cuál es el objetivo del documento? (informar, persuadir, registrar, presentar).
- ¿Quién será el público destinatario? (compañeros de trabajo, directivos, clientes, estudiantes).
- ¿Qué extensión tendrá? (un informe breve de dos páginas no se organiza igual que una memoria anual de 100 páginas).

Respecto a la estructura, es importante organizar el texto en bloques lógicos. Para ello, se pueden considerar los siguientes elementos:

- Portada inicial, con título, autor, fecha y datos de identificación.
- Índice automático, que facilitará la navegación en documentos largos.
- Cuerpo del documento, dividido en secciones y subsecciones claras.
- Tablas, gráficos o imágenes, que complementen y apoyen el texto.
- Conclusiones o recomendaciones, en caso de informes o memorias.
- Anexos o referencias, cuando se trabaje con documentos técnicos o académicos.

Además, resulta muy útil diseñar un esquema previo utilizando la vista *Esquema de Word* o incluso un simple listado en papel. Esto permite jerarquizar los títulos (Título 1, Título 2, Título 3) y prever cómo se organizarán los apartados.

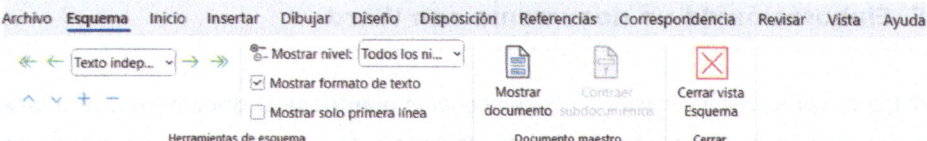

Fig. 10. La vista Esquema organiza el documento en niveles de títulos y subtítulos, facilitando la estructuración y jerarquía del contenido

No empezar nunca a dar formato desde el primer momento, sino centrarse primero en la redacción y la estructura. El formato se aplicará después con estilos y temas, garantizando una presentación uniforme.

Una vez definido el contenido y la estructura del documento, el siguiente paso consiste en **aplicar un formato coherente y uniforme.** Esto no solo mejora la apariencia, sino que también facilita la lectura y transmite una imagen profesional. Para lograrlo, es importante tener en cuenta distintos niveles de formato.

En primer lugar, se debe trabajar sobre el texto. Esto implica elegir una tipografía legible (por ejemplo, Calibri o Times New Roman), definir un tamaño adecuado y aplicar estilos básicos como negrita o cursiva para resaltar información relevante. Es recomendable evitar el abuso de colores o subrayados, ya que pueden restar claridad.

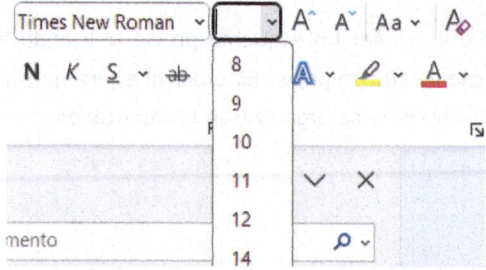

Fig. 11. Para el tamaño, se usa generalmente 11 o 12 puntos para el cuerpo

En segundo lugar, es necesario dar formato a los párrafos. Aquí influyen elementos como la alineación (justificada para documentos formales, izquierda para textos digitales), el interlineado y los espaciados entre párrafos. El uso de sangrías en la primera línea también aporta claridad en textos largos.

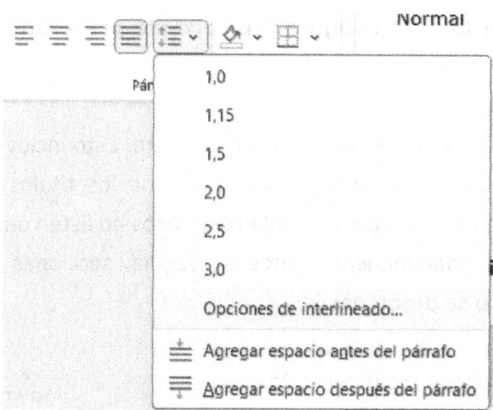

Fig. 12. El interlineado 1,15 o 1,5 suele ser adecuado

Además, resulta fundamental mantener la coherencia visual en títulos y subtítulos. Para ello, se recomienda usar los estilos de Word en lugar de aplicar manualmente cambios de tamaño y formato. Así, todos los Títulos 1 tendrán el mismo aspecto, lo mismo que los Títulos 2 y 3, lo que permite una organización clara y la posterior generación de índices automáticos.

En cuanto a los elementos gráficos y tablas, deben integrarse respetando el diseño general, por ejemplo:

- Tablas con un estilo uniforme (bordes discretos y colores neutros).
- Imágenes alineadas y con texto alternativo si el documento se compartirá en digital.
- Gráficos con colores consistentes, preferiblemente relacionados con la identidad visual de la empresa o institución.

Finalmente, para garantizar la coherencia global del documento, conviene aplicar un tema o plantilla que unifique tipografías, colores y estilos. Esto evita que el documento parezca construido a partir de fragmentos distintos y aporta un acabado profesional.

Cuando el documento ya está terminado en contenido y formato, es necesario realizar una serie de pasos finales para **asegurar su correcta presentación,** ya sea en papel o en formato digital.

Primero, es fundamental realizar una revisión completa. Esto incluye pasar nuevamente el corrector ortográfico y gramatical, comprobar que los títulos siguen la jerarquía adecuada y verificar que las imágenes, tablas o gráficos no estén desalineados. También se recomienda revisar manualmente saltos de página, secciones y numeración, para evitar que se repitan o se desordenen.

A continuación, se deben configurar los ajustes de impresión. Esto implica seleccionar el tamaño del papel (normalmente A4), la orientación (vertical u horizontal), los márgenes adecuados y la calidad de impresión.

Desde la opción *Archivo>Imprimir* se accede a una vista previa que permite comprobar cómo quedará el documento en papel.

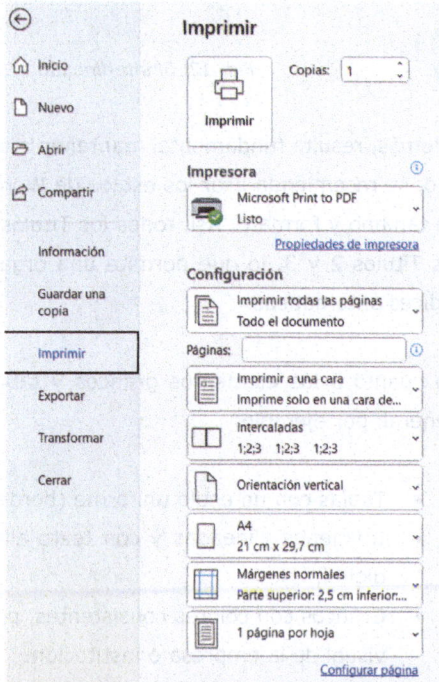

Fig. 13. En documentos largos conviene activar la impresión a doble cara para ahorrar papel y mejorar la presentación

Por último, es recomendable preparar el documento para su distribución digital. Una opción habitual es exportarlo a PDF, lo que asegura que se conserve el formato en cualquier dispositivo y evita modificaciones accidentales. Word permite hacerlo directamente desde *Archivo>Exportar>Crear PDF/XPS*. Si el archivo se va a compartir en línea, también es importante revisar el peso del documento (reducir el tamaño de imágenes puede hacerlo más ligero).

Otro aspecto relevante es la **colaboración y compartición en la nube.** Guardar el archivo en OneDrive permite enviarlo a otras personas mediante un enlace. Además, se pueden asignar permisos de edición o solo lectura según las necesidades, lo que es muy útil en entornos corporativos.

Por último, si el documento tiene un carácter profesional, conviene añadir **detalles finales** como portada, índice automático, numeración correcta y encabezados con el nombre de la empresa o del proyecto. Estos elementos aportan formalidad y completan la presentación.

Resumen

Microsoft Word es el procesador de textos más utilizado ya que permite la creación, edición y maquetación de documentos. Su interfaz está compuesta por elementos clave como la cinta de opciones (que agrupa comandos en pestañas), la barra de acceso rápido (personalizable para funciones frecuentes), el área de trabajo (donde se redacta el contenido), la barra de estado (que informa sobre páginas, palabras o idioma) y el menú Backstage (para guardar, imprimir, exportar o compartir).

Existen dos formas principales de iniciar un documento: mediante un documento en blanco, que otorga total libertad, pero requiere configurar el formato manualmente; o a través de plantillas prediseñadas, que ahorran tiempo y garantizan un diseño profesional. Los documentos pueden guardarse en distintos formatos, siendo el .docx el estándar actual.

Una de las grandes ventajas de Word es la inserción de elementos que enriquecen el documento: imágenes, tablas, gráficos, vínculos, símbolos o encabezados. Además, dispone de herramientas de edición como copiar, cortar, pegar, buscar y reemplazar, junto con el corrector ortográfico y gramatical, que asegura la calidad del texto.

El formato y maquetación son aspectos fundamentales. Esta herramienta permite trabajar a nivel de caracteres (fuentes, tamaños, estilos) y párrafos (alineación, interlineado, sangrías, espaciados). A nivel de documento, se pueden configurar márgenes, orientación, tamaño de papel, encabezados, pies de página y numeración. Para mantener coherencia en documentos extensos se recomienda usar estilos y temas, lo que facilita además la creación de índices automáticos.

En cuanto al diseño avanzado, incluye opciones como portadas automáticas, gestión de secciones, columnas o saltos de página, que permiten crear documentos profesionales adaptados a distintos usos (informes, boletines, memorias).

Glosario

Control de cambios

Herramienta que permite registrar y mostrar modificaciones en un documento, indicando autor, fecha y tipo de cambio realizado.

Encabezado y pie de página

Áreas de texto situadas en la parte superior e inferior del documento, que pueden incluir títulos, logotipos, numeración de páginas o referencias.

Hipervínculo

Enlace dentro del documento que conecta con una página web, dirección de correo, otro archivo o una sección interna del mismo documento.

Maquetación

Conjunto de técnicas de diseño que permiten organizar la apariencia del documento (márgenes, orientación, secciones, saltos de página, columnas).

Plantilla

Documento prediseñado que incluye formato, tipografía, colores y estructura para usos específicos (currículum, carta, informe, etc.).

Sección

División de un documento que permite aplicar configuraciones de formato independientes (márgenes, numeración, encabezados diferentes).

Tema

Conjunto de colores, fuentes y efectos que se aplican de manera global a un documento para mantener una coherencia visual.

Ejercicios de autoevaluación

1. ¿Qué elemento de la interfaz de Word agrupa los comandos en pestañas y se sitúa en la parte superior de la ventana?

    a. Barra de estado.

    b. Área de trabajo.

    c. Cinta de opciones.

    d. Menú contextual.

2. ¿Cuál es el formato estándar de Word desde 2007 que garantiza compatibilidad total con funciones avanzadas?

    a. .pdf

    b. .rtf

    c. .odt

    d. .docx

3. ¿Qué herramienta permite detectar errores ortográficos y gramaticales en un documento?

    a. Corrector ortográfico y gramatical.

    b. Buscar y reemplazar.

    c. Vista esquema.

    d. Control de cambios.

4. ¿Qué opción de Word es más recomendable para iniciar un documento formal con diseño predefinido?

    a. Documento en blanco.

    b. Plantilla prediseñada.

    c. Copiar de otro archivo.

    d. Vista de impresión.

5. ¿Dónde se encuentran las funciones de guardar, imprimir, exportar y compartir en Word?

    a. Cinta de opciones.

    b. Barra de acceso rápido.

    c. Menú Archivo (Backstage).

    d. Barra de estado.

6. ¿Qué elemento se utiliza para incluir numeración de páginas, logotipos o títulos repetidos en todas las páginas?

    a. Hipervínculo.

    b. Tablas.

    c. Estilo de párrafo.

    d. Encabezado y pie de página.

7. ¿Qué función de edición permite localizar una palabra en el documento y sustituirla automáticamente por otra?

    a. Copiar y pegar.

    b. Buscar y reemplazar.

    c. Deshacer y rehacer.

    d. Vista de lectura.

8. ¿Cuál es la principal ventaja de aplicar estilos en lugar de dar formato manual a cada párrafo?

    a. Reducen el tamaño del archivo.

    b. Evitan errores ortográficos.

    c. Mantienen coherencia visual y facilitan índices automáticos.

    d. Generan automáticamente un PDF.

9. ¿Qué herramienta de Word organiza el texto en varias franjas verticales, similar al diseño de un periódico?

    a. Columnas.

    b. Secciones.

    c. Saltos de página.

    d. Encabezados.

10. ¿Qué servicio de Microsoft permite guardar documentos en la nube y editarlos de forma colaborativa?

    a. Outlook.

    b. Teams.

    c. OneDrive.

    d. Power BI.

U. A. 3. Presentaciones eficaces con PowerPoint

Introducción

Microsoft PowerPoint es la herramienta más utilizada para la creación de presentaciones visuales, ya que permite transformar información en un mensaje visual estructurado, atractivo y comprensible, apoyando al presentador en la exposición de ideas y facilitando la retención de contenidos por parte de la audiencia.

A diferencia de otros programas, combina texto, imágenes, gráficos, audio, vídeo y animaciones en un mismo entorno, convirtiéndose en un recurso flexible para distintos fines: informes empresariales, clases formativas, presentaciones académicas o propuestas comerciales. Además, al igual que las herramientas anteriores, su integración con Microsoft 365 permite el trabajo colaborativo en línea, la sincronización en la nube y la reutilización de contenidos entre aplicaciones.

Por tanto, su funcionalidad no radica solo en proyectar diapositivas, sino en su capacidad para estructurar mensajes, mantener coherencia visual y guiar la atención del público. A través de plantillas, temas, transiciones, animaciones y elementos interactivos, es posible crear presentaciones dinámicas y personalizadas que refuercen la comunicación tanto en entornos presenciales como virtuales.

Objetivos

- Reconocer la interfaz de PowerPoint y manejar sus principales áreas (cinta de opciones, panel de diapositivas, área de trabajo, panel de notas y barra de estado).
- Crear presentaciones en blanco o a partir de plantillas, aplicando temas y diseños que aseguren coherencia visual.
- Organizar y estructurar el contenido de forma lógica y jerárquica, facilitando la comprensión de la audiencia.
- Insertar y gestionar distintos elementos (texto, imágenes, gráficos, tablas, vídeos, audios e iconos) en las diapositivas.
- Aplicar principios de diseño y maquetación para mejorar la legibilidad y el impacto visual de las presentaciones.
- Utilizar animaciones y transiciones con criterio, controlando el ritmo y destacando la información clave sin distraer al público.
- Incorporar elementos interactivos como hipervínculos y botones de acción para diseñar presentaciones no lineales.
- Exportar y compartir las presentaciones en distintos formatos (.pptx, .pdf, vídeo) y a través de la nube con OneDrive.

1. ¿Qué es PowerPoint? Análisis de PowerPoint

Como se ha mencionado anteriormente, Microsoft PowerPoint es la herramienta más extendida para la creación de presentaciones visuales que acompañan exposiciones orales o virtuales. Su valor reside en la capacidad de transformar información en recursos gráficos dinámicos y atractivos, favoreciendo la comprensión y la retención de los mensajes. El uso de plantillas, diseños personalizados, animaciones y elementos multimedia convierte a PowerPoint en un recurso estratégico para la comunicación corporativa, docente y comercial.

Los principales objetivos de PowerPoint son tres: **facilitar la transmisión de información, captar la atención de la audiencia y reforzar el mensaje del presentador con apoyo visual.** Por eso se utiliza en ámbitos tan diversos como la docencia, los negocios, las conferencias, el marketing o la formación online.

Entre sus usos principales se pueden destacar los siguientes:

- Exponer informes y resultados empresariales mediante gráficos y diagramas.
- Apoyar clases o talleres formativos con esquemas e imágenes.
- Presentar proyectos académicos o científicos con datos estructurados.
- Elaborar discursos de impacto con pocos elementos, pero visualmente potentes (modelo de presentaciones minimalistas tipo TED).
- Crear materiales multimedia combinando imágenes, sonido y vídeo.

Para utilizarlo de forma eficaz es importante conocer su interfaz de usuario, diseñada de forma muy similar a otros programas de Microsoft 365. Por tanto, la pantalla de trabajo se organiza en las siguientes áreas.

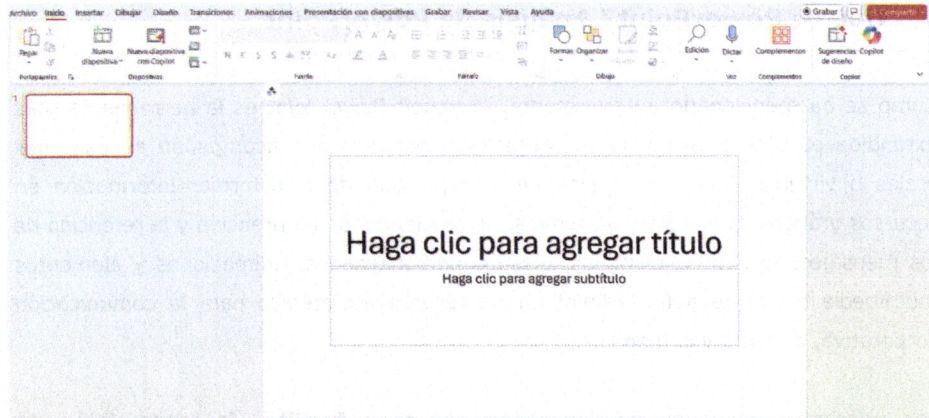

Fig. 1. Pantalla de trabajo de PowerPoint

En la parte superior se encuentra la **cinta de opciones,** dividida en pestañas como *Inicio, Insertar, Diseño, Transiciones, Animaciones, Presentación con diapositivas* y *Vista.*

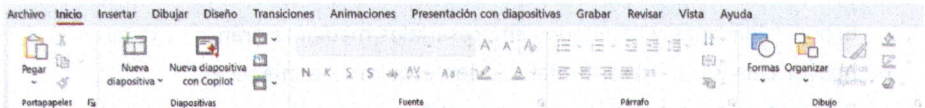

Fig. 2. Dentro de cada pestaña los comandos se agrupan en secciones (Fuente, Párrafo, Dibujo, etc.)

En el lateral izquierdo se ubica el **panel de diapositivas en miniatura,** donde se pueden ver todas las diapositivas creadas y reorganizarlas arrastrándolas con el ratón.

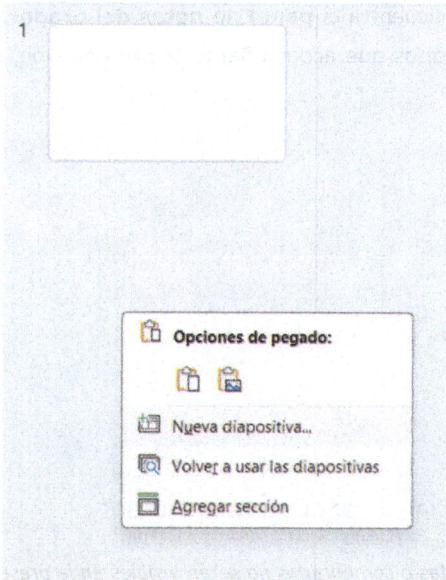

Fig. 3. Este panel permite agregar, eliminar u organizar diapositivas

El área central corresponde a la **diapositiva activa,** en la que se insertan y editan los contenidos.

Fig. 4. El contenido puede ser texto, imágenes, gráficos, vídeos, etc.

En la parte inferior se encuentra el **panel de notas del orador,** que sirve para añadir recordatorios o comentarios que acompañarán la presentación, pero no serán visibles para la audiencia.

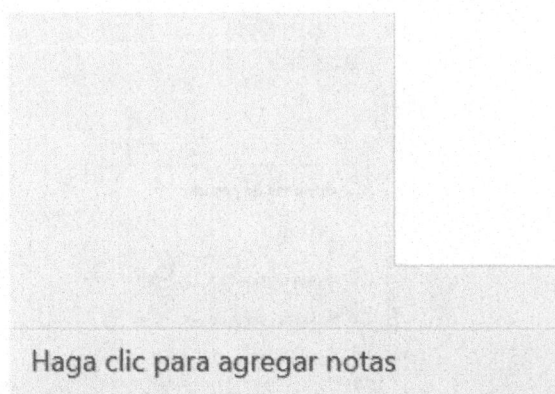

Haga clic para agregar notas

Fig. 5. Las notas o comentarios no serán visibles en la presentación final

Por último, la **barra de estado,** también en la parte inferior, muestra información útil como el número de diapositiva, idioma y opciones de vista (normal, clasificador de diapositivas, lectura, presentación).

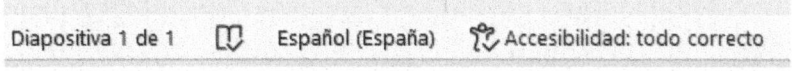

Diapositiva 1 de 1   Español (España)   Accesibilidad: todo correcto

Fig. 6. Todos los programas del entorno Microsoft cuenta con esta barra de estado

2. Inicio. Utilización de una plantilla o creación de una presentación desde cero

Uno de los puntos fuertes de PowerPoint es que no obliga al usuario a crear desde cero. Es decir, el programa incluye un amplio catálogo de **plantillas prediseñadas y temas,** que permiten ahorrar tiempo y dar una apariencia profesional a la presentación desde el primer momento.

Las plantillas son archivos que contienen un diseño completo de presentación. No solo incluyen colores y fuentes, sino también ejemplos de diapositivas con títulos, subtítulos, cuadros de texto, imágenes y gráficos ya organizados. El usuario solo tiene que sustituir la información por la suya propia.

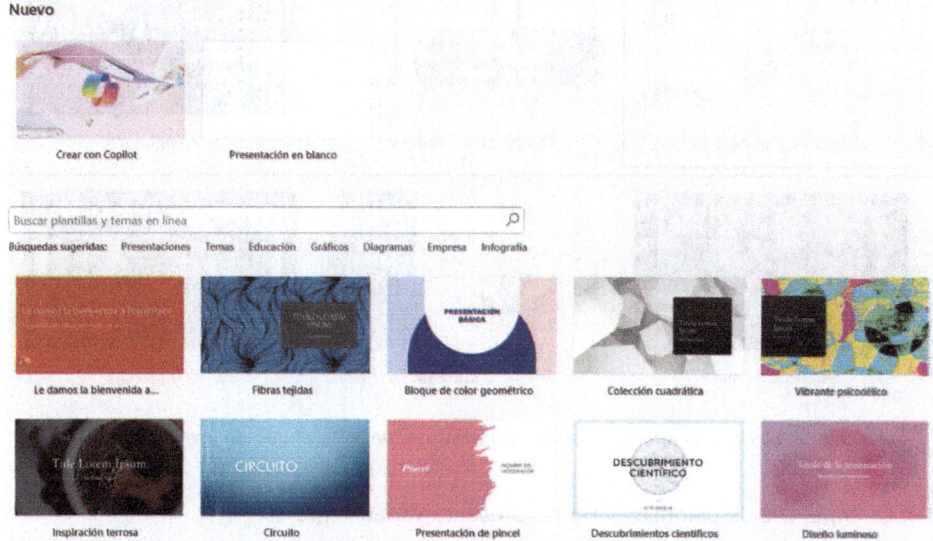

Fig. 7. Existen plantillas específicas para presentaciones empresariales, proyectos educativos, informes financieros, propuestas comerciales o planes de marketing

Por su parte, los temas son conjuntos de colores, tipografías y efectos visuales que se aplican de forma automática a todas las diapositivas.

Ejemplo

Un mismo contenido puede tener un aspecto serio y corporativo con un tema sobrio en tonos grises y azules, o adquirir un aire más creativo y dinámico con un tema de colores vivos.

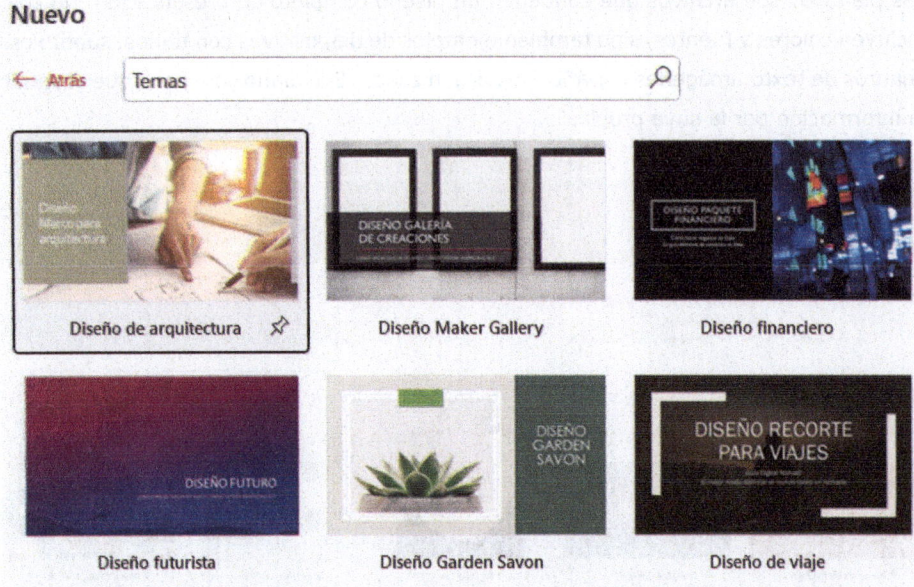

Fig. 8. Los temas aportan diseños variados en función del tipo de presentación

Por tanto, el uso de plantillas y temas presenta varias ventajas:

- Aseguran consistencia visual en todas las diapositivas.
- Ahorran tiempo, al proporcionar un diseño preconfigurado.
- Facilitan la adaptación a distintos contextos (académico, empresarial, creativo).
- Permiten personalizar detalles como colores corporativos, tipografías propias o logotipos de empresa.

No obstante, también presentan limitaciones. Por ejemplo, algunas plantillas pueden resultar demasiado recargadas, con elementos que distraen en lugar de reforzar el mensaje. En estos casos, conviene simplificar o adaptarlas para que no resten protagonismo al contenido.

Aunque las plantillas prediseñadas son útiles, en muchos casos es preferible empezar con una presentación en blanco para tener total control sobre el diseño y la organización. Esta opción es ideal cuando se busca un estilo más minimalista, cuando se trabaja con una identidad corporativa muy definida o cuando el usuario desea personalizar cada aspecto de la presentación.

El proceso para **crear una presentación en blanco** es muy sencillo. Al abrir PowerPoint, se selecciona la opción *Presentación en blanco.* El programa muestra una diapositiva inicial con el diseño por defecto de título y subtítulo. A partir de aquí, se pueden añadir nuevas diapositivas según sea necesario.

En una presentación desde cero, el usuario define manualmente elementos como:

- Diseño de las diapositivas, eligiendo entre las opciones predeterminadas (título, título y contenido, comparación, en blanco, etc.).
- Colores y fuentes, configurando una paleta personalizada que respete la identidad visual deseada.
- Fondos y estilos gráficos, que pueden ser sólidos, con degradados, imágenes o patrones.
- Distribución del contenido, colocando manualmente cuadros de texto, imágenes, tablas o gráficos.

Esta personalización tiene como ventaja que el documento final no queda condicionado por estructuras preexistentes y puede adaptarse exactamente a las necesidades del proyecto. No obstante, exige más tiempo de configuración inicial que una plantilla ya diseñada.

Sugerencia

Se puede definir un tema propio desde el inicio, de modo que todas las diapositivas conserven uniformidad de colores, tipografías y estilos. Esto evita que cada diapositiva se diseñe de manera aislada y ayuda a mantener la coherencia visual de toda la presentación.

3. Elaboración de la estructura y diseño

Antes de añadir imágenes, animaciones o estilos, lo más importante en una presentación es que su **contenido esté bien estructurado.** Un buen diseño gráfico no puede compensar una mala organización de ideas. Por ello, PowerPoint ofrece herramientas para planificar esta organización mediante un guion lógico y una jerarquía clara de diapositivas.

El primer paso consiste en **definir un guion previo.** Esto implica establecer qué mensaje se quiere transmitir y cómo se desarrollará. Una presentación efectiva suele seguir un esquema que incluye:

- **Introducción.** Presentación del tema, objetivos y motivación.
- **Desarrollo.** Exposición de ideas principales, datos, ejemplos o comparaciones.
- **Cierre.** Resumen de puntos clave y conclusiones, con posible invitación a la acción o debate.

El segundo paso es **aplicar una jerarquía en las diapositivas.** No todas tienen el mismo nivel de importancia, por lo que conviene clasificarlas de la siguiente forma:

- **Diapositivas de título y transición,** que marcan el inicio de secciones o apartados.
- **Diapositivas de contenido principal,** donde se explican los puntos clave con textos, tablas o gráficos.
- **Diapositivas de apoyo visual,** que refuerzan el mensaje con imágenes, citas o ejemplos.
- **Diapositiva de cierre,** que retoma el objetivo inicial y ofrece un mensaje final claro.

Finalmente, es recomendable utilizar la **vista *Esquema,*** que permite visualizar solo los títulos y textos principales de cada diapositiva. Esta herramienta ayuda a comprobar la coherencia del discurso y a reorganizar rápidamente los apartados si es necesario.

Por otro lado, una buena presentación no solo depende del contenido, sino también de cómo se **distribuyen los elementos dentro de cada diapositiva.** El diseño debe facilitar la lectura, guiar la atención de la audiencia y mantener la coherencia visual en todo el conjunto.

El primer recurso son los **diseños de diapositiva predeterminados.** PowerPoint ofrece varias opciones (título, título y contenido, comparación, en blanco, solo título, entre otras) que ya incluyen una disposición básica de cuadros de texto e imágenes. Seleccionarlos ayuda a mantener ordenado el documento y evita tener que alinear manualmente cada elemento.

El segundo recurso es el **uso de cuadrículas y guías de alineación.** Estas herramientas invisibles al imprimir o proyectar permiten colocar los objetos con precisión, logrando una apariencia más equilibrada. Se activan desde la opción *Ver>Guías* o *Ver>Rejilla,* y se puede distribuir fácilmente el contenido.

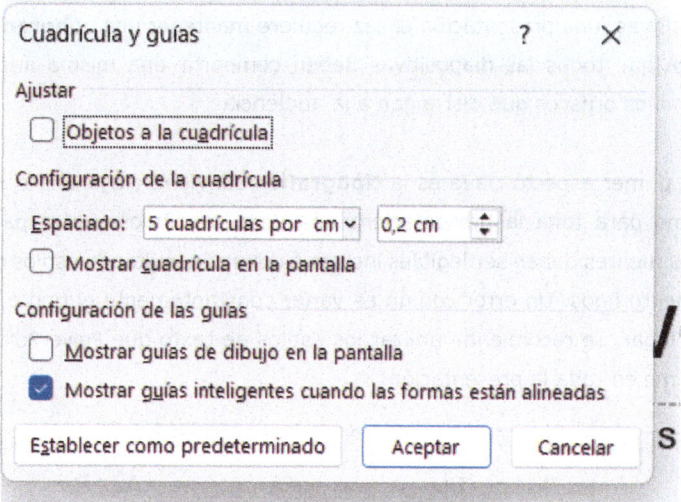

Fig. 9. Esta funcionalidad evita que el contenido quede desordenado

El tercer aspecto es la **alineación de objetos.** Esta herramienta permite alinear varios elementos entre sí (izquierda, derecha, centrados, arriba, abajo) e incluso distribuirlos de forma equidistante. Esto es especialmente útil cuando se colocan varias imágenes o íconos en la misma diapositiva.

Sugerencia

Algunas buenas prácticas de diseño que se recomienda seguir son:

- No sobrecargar la diapositiva con demasiado texto; lo ideal es resumir en frases cortas o viñetas.
- Combinar texto con imágenes o gráficos para reforzar el mensaje.
- Mantener márgenes de seguridad, evitando que el contenido quede pegado a los bordes.
- Usar un solo punto focal por diapositiva, para que la atención de la audiencia no se disperse.

Por último, además de organizar el contenido y distribuir correctamente los elementos en las diapositivas, una presentación eficaz requiere mantener una **coherencia visual.** Esto significa que todas las diapositivas deben compartir una misma línea estética, evitando cambios bruscos que distraigan a la audiencia.

Para ello, el primer aspecto clave es la **tipografía.** Conviene elegir una o dos fuentes como máximo para toda la presentación: una para los títulos y otra para el texto principal. Las fuentes deben ser legibles incluso a distancia, evitando estilos decorativos o excesivamente finos. Un error común es variar constantemente el tipo o tamaño de letra. En su lugar, se recomienda utilizar los estilos de texto que PowerPoint aplica de forma uniforme en toda la presentación.

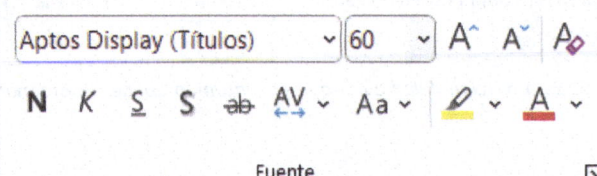

Fig. 10. La tipografía debe ser legible, sobre todo en salas en las que se proyecte la presentación a bastante distancia

El segundo aspecto es el **uso de colores.** Lo ideal es seleccionar una paleta reducida y coherente con el tema de la presentación o con la identidad de la organización. Los colores principales deben aplicarse a títulos, gráficos y elementos destacados, mientras que los fondos han de ser neutros para no restar visibilidad al contenido. También es fundamental cuidar el contraste: texto oscuro sobre fondo claro o viceversa, para garantizar una correcta legibilidad.

El tercer elemento es la **identidad corporativa.** En entornos profesionales y educativos, las presentaciones deben reflejar la imagen de la institución o empresa. Esto se logra aplicando los colores corporativos, el logotipo en el pie de página o en la portada, y manteniendo un estilo visual acorde con la línea gráfica oficial. Esta práctica refuerza la profesionalidad y otorga reconocimiento inmediato al documento.

Por último, es recomendable **aplicar un tema en PowerPoint,** que integra tipografías, paleta de colores y efectos gráficos de manera automática.

Fig. 11. El uso de temas asegura uniformidad en todo el archivo y facilita futuras modificaciones, ya que cualquier cambio en el tema se refleja en todas las diapositivas

Importante

La coherencia visual convierte la presentación en un conjunto armónico, fácil de seguir y más convincente para la audiencia.

4. Uso de opciones avanzadas: animaciones e interacción

Una de las características más reconocibles de PowerPoint es la posibilidad de **aplicar animaciones a objetos y texto.** Estas herramientas no solo aportan dinamismo a la presentación, sino que también permiten controlar el ritmo de la exposición y destacar información relevante.

Estas se clasifican en cuatro grandes grupos:

- **Animaciones de entrada:** determinan cómo aparece un objeto en la diapositiva (por ejemplo, desvanecer, volar desde un lado, aparecer letra por letra).
- **Animaciones de énfasis:** resaltan un elemento ya visible, como cambiar de color, aumentar su tamaño o hacer que pulse.
- **Animaciones de salida:** marcan cómo desaparece un objeto (desvanecerse, volar hacia fuera, contraerse).
- **Trayectorias de movimiento:** permiten mover un objeto por la diapositiva siguiendo una ruta definida (línea, curva, forma libre).

Aplicarlas es sencillo, basta con seleccionar el objeto (texto, imagen, tabla, gráfico) y acceder a la pestaña *Animaciones.* Allí se puede elegir un efecto, modificar su dirección, velocidad y la forma de activación (al hacer clic, con la anterior o después de la anterior).

Sin embargo, es importante **aplicar estas animaciones con criterio.** Un exceso de efectos puede distraer y restar profesionalidad al mensaje. La recomendación es utilizarlas para:

- Destacar un punto clave en una lista.
- Introducir los elementos de forma progresiva, evitando saturar la diapositiva.
- Resaltar cifras, gráficos o conclusiones importantes.
- Dirigir la atención hacia un objeto concreto en el momento adecuado.

Además, PowerPoint ofrece el *Panel de animación,* que permite ver en qué orden se ejecutarán los efectos, reorganizarlos y ajustar los tiempos con precisión. Esto ayuda a coordinar la animación con el discurso oral del presentador.

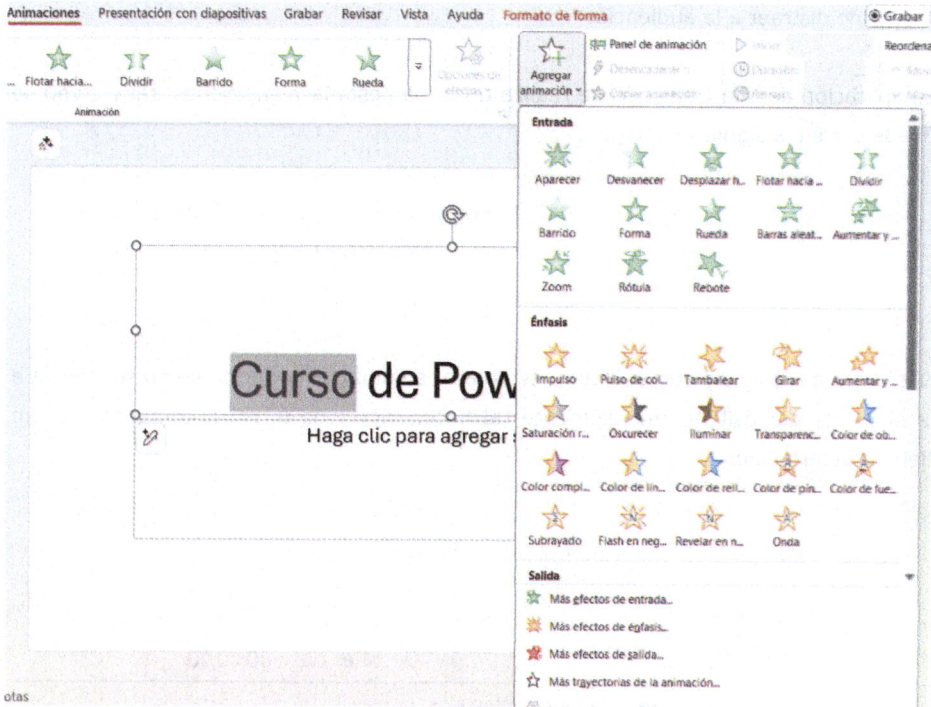

Fig. 13. Las animaciones bien utilizadas pueden reforzar el impacto de una presentación,
siempre que se apliquen con moderación y en función de la intención comunicativa

Además de animar objetos dentro de una misma diapositiva, también se pueden **aplicar transiciones** para controlar la manera en que se pasa de una diapositiva a otra. Estas transiciones aportan fluidez a la presentación y ayudan a marcar cambios de tema o secciones.

Existen diferentes tipos de transiciones, que se pueden clasificar en tres grandes categorías:

- **Transiciones sutiles:** como desvanecer, empujar o barrido, que son discretas y profesionales.
- **Transiciones llamativas:** como voltear, cubo, galería o compuerta, que generan un efecto más dinámico y visual.
- **Transiciones de movimiento complejo:** como cortina, aplastar o transformar, que pueden resultar espectaculares, pero conviene usarlas con moderación para no distraer a la audiencia.

La aplicación de una transición se realiza desde la pestaña *Transiciones*, tal y como se puede ver en la siguiente imagen:

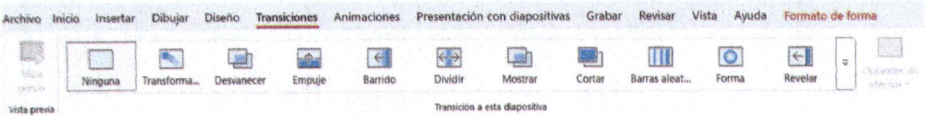

Desde ahí es posible elegir el efecto, establecer su duración y decidir cómo se avanza a la siguiente diapositiva: manualmente (al hacer clic) o de forma automática tras un tiempo determinado.

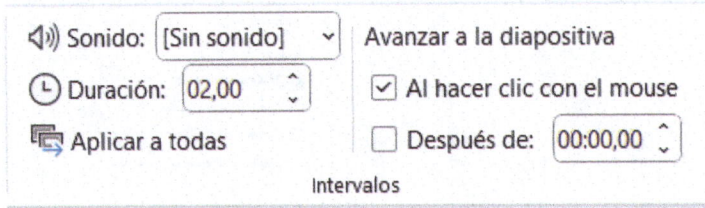

Fig. 14. Las transiciones permiten aplicar varios tipos de configuración

Al igual que ocurre con las animaciones, es recomendable utilizar las transiciones con criterio. Algunas buenas prácticas son:

- Mantener la misma transición en todo el documento para dar uniformidad.
- Reservar transiciones más llamativas para cambios de sección o momentos clave.
- Evitar abusar de transiciones espectaculares, ya que pueden dar una imagen poco profesional.

En presentaciones de carácter empresarial o académico, las transiciones sutiles suelen ser la mejor opción, ya que aportan elegancia sin restar protagonismo al contenido. En cambio, en contextos creativos, publicitarios o formativos, se puede dar más libertad a la hora de elegir transiciones llamativas que capten la atención.

Las transiciones permiten gestionar el ritmo visual de la presentación, marcando pausas y cambios de tema, siempre que se utilicen de forma coherente con el objetivo del discurso.

Por último, PowerPoint no solo permite crear presentaciones lineales, donde las diapositivas avanzan una tras otra en orden fijo. También ofrece **opciones interactivas** que convierten la presentación en un recurso más dinámico, flexible y adaptable a distintos contextos.

La primera herramienta son los **hipervínculos.** Se pueden aplicar a un texto, una imagen o un objeto, y permiten enlazar con:

- Otras diapositivas dentro de la misma presentación.
- Archivos externos (Word, Excel, PDF, etc.).
- Páginas web.
- Direcciones de correo electrónico.

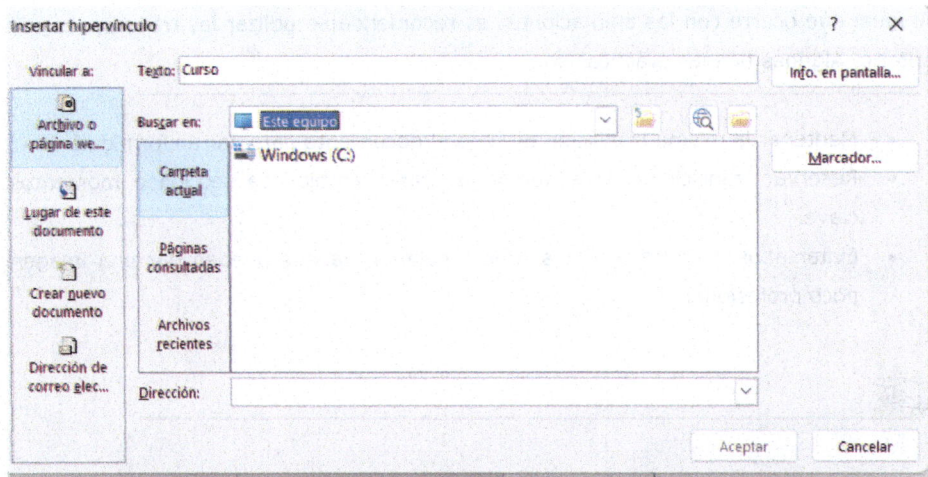

Fig. 15. Los hipervínculos permiten que la presentación funcione como un menú navegable, útil en materiales de formación, catálogos digitales o presentaciones comerciales

La segunda herramienta son los **botones de acción.** Se incluye una galería de iconos prediseñados (flechas, casa, información, retroceso) que se pueden colocar en cualquier diapositiva. Estos botones, al hacer clic, ejecutan una acción: ir a otra diapositiva, abrir un archivo, iniciar un programa o reproducir un sonido o vídeo. Gracias a ellos, se puede diseñar una navegación no lineal, permitiendo al presentador elegir el camino a seguir según la interacción con la audiencia.

La tercera posibilidad es la **navegación personalizada.** Mediante configuraciones como *Presentaciones personalizadas* o *Vincular a diapositivas específicas,* se pueden crear distintas rutas de exposición dentro de un mismo archivo. Esto resulta muy útil cuando un mismo material debe adaptarse a distintos públicos, por ejemplo, en una reunión con clientes puede mostrarse solo la parte comercial, mientras que con el equipo interno se accede al detalle técnico.

5. Elaboración de una presentación con PowerPoint

Para elaborar una presentación de forma fácil y eficaz, conviene entender el proceso como una secuencia de pasos. A modo de guía, la elaboración puede organizarse en tres fases:

1. **Definir.** El punto de partida es clarificar objetivo y audiencia. Con ello se determina el tono (informativo, persuasivo, formativo), el nivel de detalle y el tipo de evidencia que conviene priorizar (datos, casos, visualizaciones). La definición del mensaje central (una idea fuerza breve) actúa como criterio para incluir o excluir contenidos.

2. **Estructurar.** El contenido se ordena en un guion que responda a una lógica reconocible (problema–solución, causa–efecto, pasado–presente–futuro). A partir de ahí, se decide la jerarquía de diapositivas: portada, mapa/agenda, bloques temáticos con transiciones claras y un cierre accionable. Es preferible pensar en un mensaje por diapositiva, evitando listas densas o gráficos sobrecargados.

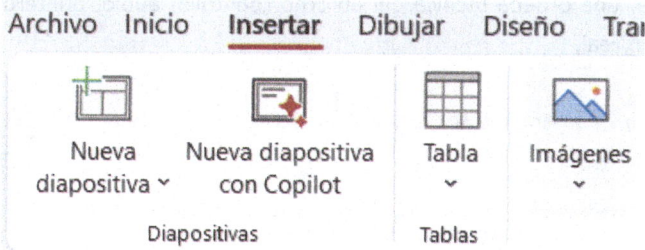

Fig. 16. En esta fase es muy útil la herramienta para insertar y organizar las diapositivas

3. **Materializar.** El guion se traduce en lo visual con consistencia: se elige un tema tipográfico y cromático, se normalizan tamaños de título y cuerpo, se fijan márgenes, y se define un patrón de composición (regla de tercios, cuadrícula) que unifique el conjunto. En gráficos, se prioriza la legibilidad (etiquetas suficientes, ejes claros, color al servicio del dato) y, en animaciones, la moderación para controlar el ritmo sin distraer.

A continuación, es necesario una **revisión y ensayo de la presentación**. Una presentación efectiva se valida en dos planos: calidad del contenido y experiencia de entrega.

Desde la perspectiva del contenido, conviene comprobar coherencia narrativa, eliminación de redundancias y alineación estricta con el objetivo. También resulta clave verificar claridad visual: contraste suficiente, tamaños de fuente legibles, equilibrio entre texto e imagen y simplificación de elementos superfluos. Cuando haya datos, se confirma su trazabilidad (fuente, fecha, unidades) y se revisa que los gráficos transmitan la idea en segundos.

Desde la perspectiva de accesibilidad y forma, es útil examinar contraste de color, texto alternativo en imágenes si el material será distribuido digitalmente y legibilidad en salas con proyección. Asimismo, se recomienda revisar ortografía y consistencia terminológica en todo el documento.

En cuanto al ensayo, resulta práctico simular el recorrido completo en modo presentación, ajustando tiempos por bloque y marcando puntos de pausa y énfasis. El uso moderado de notas del orador ayuda a anclar ideas clave sin leer diapositivas. Finalmente, una prueba técnica del entorno (pantalla, audio, puntero) reduce riesgos en la sesión real.

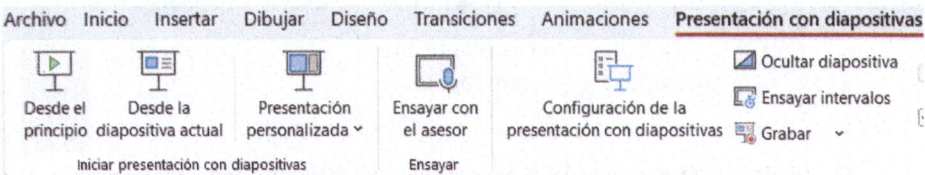

Fig. 17. Desde la pestaña Presentación con diapositivas, PowerPoint permite iniciar la proyección, personalizarla, ensayar tiempos y grabar la presentación

Por último, la **exportación y presentación final**. Esta fase combina distribución y entrega: el formato elegido condiciona la experiencia del público y la preservación del diseño.

Cuando se va a compartir el archivo, se elige el medio según el grado de edición esperado. Para edición colaborativa y control de versiones, resulta adecuado el archivo original en la nube (PPTX en OneDrive) con permisos de visualización o edición. Para difusión sin cambios, el PDF garantiza apariencia estable y tamaño contenido, mientras que la exportación a vídeo resulta útil si se incorporan narraciones o se prevé un consumo asincrónico.

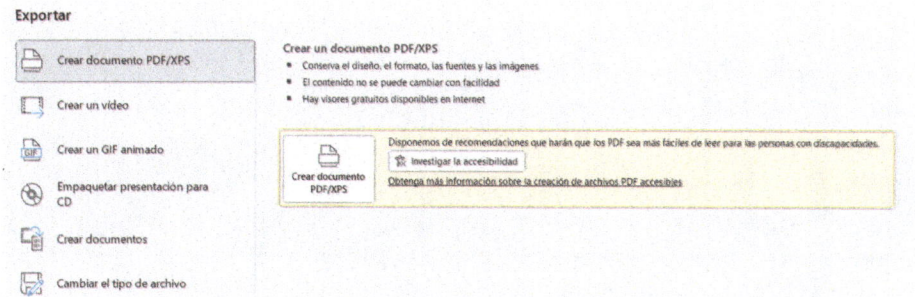

Fig. 18. Las distintas opciones de exportación permiten que el archivo se pueda reproducir en varios medios

Por otro lado, es recomendable incrustar fuentes si se prevé uso en otros equipos, comprimir multimedia para evitar cortes y revisar que todos los vínculos internos y externos funcionen.

Anotación

Cuando se va a presentar en directo, la preparación incluye verificar resolución de pantalla, activar modo *Presentador* para disponer de notas y vista previa, y silenciar notificaciones del equipo. En escenarios híbridos, la opción de presentación en línea facilita que la audiencia remota reciba el contenido con fidelidad, manteniendo control del ritmo y del paso de diapositivas.

Resumen

La interfaz de PowerPoint está organizada de manera similar al resto de aplicaciones de Microsoft 365. Incluye la cinta de opciones, el panel de diapositivas en miniatura para reorganizar fácilmente, el área de trabajo para editar la diapositiva activa y el panel de notas del orador, útil como apoyo durante la exposición. La barra de estado complementa la información mostrando número de diapositivas, idioma y vista activa.

Una presentación puede crearse desde cero (presentación en blanco) o mediante plantillas prediseñadas. Estas últimas ahorran tiempo y aseguran un diseño profesional gracias a temas preconfigurados con colores, fuentes y estilos gráficos. No obstante, también es posible personalizar cada aspecto del diseño para adaptarlo a la identidad corporativa o a las necesidades del proyecto.

El éxito de una presentación depende en gran medida de su estructura y organización, lo que suele incluir introducción, desarrollo y cierre, distribuidos en diferentes tipos de diapositivas (título, contenido, transición, apoyo visual y conclusiones). Para mantener el orden y jerarquía de ideas se recomienda usar la vista *Esquema* y aplicar diseños predeterminados o cuadrículas de alineación que faciliten la distribución equilibrada de elementos.

Otro aspecto esencial es la coherencia visual. PowerPoint permite mantener uniformidad aplicando temas y estilos, seleccionando tipografías legibles y paletas de colores consistentes. También es habitual incluir logotipos y colores corporativos en presentaciones profesionales.

Por otro lado, has herramientas avanzadas aportan dinamismo y flexibilidad. Las animaciones permiten destacar o introducir elementos progresivamente dentro de una diapositiva, mientras que las transiciones controlan el paso de una diapositiva a otra. Además, los hipervínculos y botones de acción convierten la presentación en un recurso interactivo, con navegación no lineal.

Finalmente, esta herramienta también ofrece diferentes funciones para la entrega y distribución del contenido. Es posible ensayar la presentación en modo *Presentador,* grabar narraciones, exportar a PDF o vídeo, y compartir el archivo en OneDrive para su edición colaborativa en línea.

Glosario

Animaciones

Efectos aplicados a objetos dentro de una diapositiva (texto, imágenes, tablas) para controlar su entrada, énfasis, salida o movimiento.

Botones de acción

Iconos interactivos que permiten enlazar con otras diapositivas, abrir archivos, iniciar programas o reproducir sonidos y vídeos durante la presentación.

Coherencia visual

Principio de diseño que asegura uniformidad en tipografías, colores y estilos a lo largo de toda la presentación.

Diapositiva

Página individual dentro de una presentación de PowerPoint donde se inserta contenido.

Hipervínculo

Enlace aplicado a un texto, imagen u objeto que dirige a otra diapositiva, documento externo, página web o correo electrónico.

Transiciones

Efectos que determinan cómo aparece o desaparece una diapositiva al pasar a la siguiente.

Ejercicios de autoevaluación

1. ¿Cuál es la principal función de PowerPoint en el ámbito profesional y educativo?

    a. Editar texto sin formato.

    b. Crear presentaciones visuales que refuercen la comunicación.

    c. Elaborar cálculos financieros.

    d. Administrar bases de datos.

2. ¿Qué elemento de la interfaz permite ver y reorganizar las diapositivas en miniatura?

    a. Área de trabajo.

    b. Barra de estado.

    c. Panel de diapositivas.

    d. Panel de notas.

3. ¿Qué opción asegura uniformidad visual aplicando tipografías, colores y estilos a toda la presentación?

    a. Diseño de diapositiva.

    b. Tema.

    c. Animación.

    d. Vista Esquema.

4. ¿Qué tipo de vista permite revisar solo los títulos y textos principales de cada diapositiva para comprobar la coherencia del guion?

    a. Vista Normal.

    b. Vista Presentador.

    c. Vista Esquema.

    d. Vista de lectura.

5. ¿Cuál de las siguientes opciones corresponde a un diseño de diapositiva predeterminado?

    a. Portada automática.
    b. Título y contenido.
    c. Clasificador de diapositivas.
    d. Vista de lectura.

6. ¿Qué herramienta permite incluir enlaces a páginas web, documentos externos o a otras diapositivas?

    a. Transición.
    b. Hipervínculo.
    c. Animación.
    d. Botón de acción.

7. ¿Qué tipo de animación sirve para controlar cómo desaparece un objeto de la diapositiva?

    a. Entrada.
    b. Énfasis.
    c. Salida.
    d. Movimiento.

8. ¿Qué vista permite al orador ver sus notas y vista previa mientras la audiencia solo ve las diapositivas?

    a. Vista Presentador.
    b. Vista Normal.
    c. Vista Clasificador.
    d. Vista de lectura.

9. ¿Qué formato de exportación de PowerPoint garantiza que la presentación conserve su diseño sin permitir modificaciones?

    a. .pptx

    b. .pdf

    c. .rtf

    d. .txt

10. ¿Qué recurso de PowerPoint convierte la presentación en un material interactivo y no lineal?

    a. Vista de lectura.

    b. Botones de acción.

    c. Transiciones sutiles.

    d. Portada automática.

U. A. 4. Colaboración y trabajo en equipo con Teams

Introducción

Microsoft Teams es la plataforma de colaboración digital de Microsoft 365, diseñada para centralizar en un único espacio las herramientas de comunicación, coordinación y gestión de proyectos. Funciones que son clave para empresas, centros educativos y organizaciones que buscan optimizar la coordinación y el trabajo colaborativo.

Combina funciones de chat, llamadas, videoconferencias, reuniones en línea y trabajo compartido en documentos de Word, Excel o PowerPoint. Además, integra acceso a archivos mediante OneDrive y SharePoint, lo que evita la dispersión de la información y permite un flujo de trabajo más ágil.

Por tanto, su principal ventaja es ser un espacio unificado de trabajo en equipo, donde los usuarios pueden interactuar en tiempo real o de manera asincrónica, adaptándose tanto a entornos presenciales como a los modelos remotos o híbridos. Al combinar comunicación, gestión documental y planificación en un mismo entorno, mejora la productividad y reduce la dependencia del correo electrónico.

Objetivos

- Identificar la interfaz de Teams y comprender la función de cada apartado (actividad, chat, equipos, calendario, llamadas y archivos).
- Personalizar el perfil y la configuración básica (fotografía, estado, notificaciones, idioma, accesibilidad y dispositivos).
- Utilizar eficazmente el chat individual y grupal, aplicando buenas prácticas de comunicación y compartición de archivos.
- Organizar y participar en reuniones y videollamadas, empleando funciones como grabación, subtítulos, compartir pantalla o reacciones en vivo.
- Crear y gestionar equipos de trabajo, diferenciando entre canales estándar y privados, y administrando roles de propietarios y miembros.
- Integrar aplicaciones de Microsoft 365 (Planner, OneNote, Power BI, SharePoint) y externas, adaptando cada canal a las necesidades del proyecto.
- Aplicar herramientas interactivas como menciones, hipervínculos y pestañas personalizadas para dinamizar la colaboración.
- Configurar la seguridad y privacidad en el uso de Teams, gestionando accesos, permisos y archivos compartidos.

1. Introducción a Microsoft Teams

Microsoft Teams es la plataforma de Microsoft 365 diseñada para centralizar la comunicación y la colaboración en entornos de trabajo digitales. Permite combinar chats, reuniones virtuales, videollamadas, gestión de equipos y compartición de archivos en un único espacio. Su integración con otras aplicaciones de Microsoft 365 lo convierte en una herramienta esencial para fomentar el trabajo colaborativo, la coordinación de proyectos y la productividad en entornos híbridos o remotos.

Objetivo

Reunir en un solo entorno las funciones necesarias para que los equipos puedan comunicarse, compartir información y trabajar en proyectos de manera coordinada, sin necesidad de alternar constantemente entre diferentes aplicaciones.

El papel de Teams dentro de Microsoft 365 es el de ser el **espacio de trabajo digital unificado.** A través de él, se integran funciones que antes estaban dispersas en diferentes programas, como:

- Comunicación en tiempo real mediante chat, llamadas y videoconferencias.
- Colaboración en documentos de Word, Excel y PowerPoint directamente desde la aplicación.
- Acceso centralizado a archivos gracias a la integración con OneDrive y SharePoint.
- Organización del trabajo en equipos y canales, donde cada proyecto o departamento cuenta con su propio espacio de comunicación y recursos.
- Integración con otras aplicaciones de Microsoft 365 como Planner, OneNote y Outlook, además de herramientas externas como Trello o Adobe.

Las ventajas de esta concentración son: **menos dispersión de información, reducción de correos electrónicos innecesarios y mayor eficiencia en la gestión de proyectos.** En lugar de que cada miembro del equipo almacene información en su propio ordenador o use distintos canales de comunicación, Teams concentra todo en un solo entorno accesible desde cualquier dispositivo.

Teams favorece el trabajo sincrónico y asincrónico, ya que se adapta tanto a modalidades presenciales como a entornos virtuales.

Respecto a su **interfaz,** está diseñada para ser intuitiva y mantener todas las herramientas principales a la vista, facilitando que el usuario pueda cambiar rápidamente entre chats, reuniones, archivos y equipos de trabajo.

Al abrir la aplicación, lo primero que aparece es la pantalla de inicio, organizada en torno a una barra lateral situada a la izquierda. Desde ella se accede a las funciones principales:

- **Actividad.** Concentra todas las notificaciones recientes, como menciones, reacciones, mensajes o cambios en los equipos.
- **Chat.** Espacio para conversaciones individuales o grupales rápidas. Permite enviar mensajes, compartir archivos y mantener videollamadas sin necesidad de crear un equipo formal.
- **Equipos.** Sección central de Teams. Aquí se encuentran los equipos de trabajo a los que pertenece el usuario, organizados en canales para separar proyectos o temas.
- **Calendario.** Integrado con Outlook, muestra todas las reuniones programadas, con posibilidad de unirse directamente desde la interfaz.
- **Llamadas.** Permite realizar y recibir llamadas de audio o vídeo, así como acceder al historial.
- **Archivos.** Muestra los documentos recientes y da acceso directo al almacenamiento en OneDrive o SharePoint.

Además de esta barra lateral, en la parte superior de la pantalla aparece la **barra de búsqueda y comandos,** que permite localizar mensajes, archivos o personas rápidamente. También admite comandos directos con "/" para ejecutar acciones como llamar, abrir un chat o cambiar el estado.

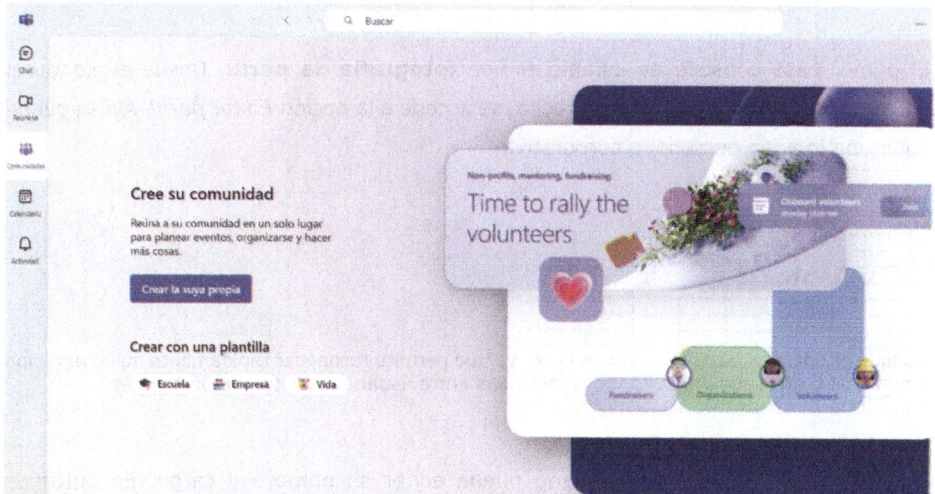

Fig. 1. Las comunidades en Team están pensadas más para un uso abierto y social, donde se reúne gente con intereses comunes para conversar, organizar actividades o eventos

En cada equipo o canal, la navegación se organiza mediante pestañas en la parte superior *(Publicaciones, Archivos, Bloc de notas, Planner,* entre otras). Estas pestañas pueden personalizarse añadiendo aplicaciones externas o integraciones específicas, lo que convierte cada canal en un espacio de trabajo adaptado a sus necesidades.

Por último, la barra superior derecha ofrece accesos al perfil del usuario, configuración, estado de conexión y ayuda. Desde aquí se gestionan aspectos personales como notificaciones, idioma, accesibilidad y dispositivos.

2. Elaboración del perfil y configuración

El **perfil de usuario** es la carta de presentación dentro de la plataforma. Personalizarlo correctamente no solo facilita la identificación entre compañeros, sino que también transmite una imagen más profesional y coherente con la organización.

El primer paso consiste en establecer una **fotografía de perfil.** Desde el icono del usuario, en la esquina superior derecha, se accede a la opción *Editar perfil.* Allí se puede subir una imagen personal o corporativa.

Anotación

Aunque es opcional, resulta recomendable, ya que permite reconocer rápidamente quién participa en un chat o una reunión, evitando confusiones entre usuarios con nombres similares.

Además de la fotografía, el usuario puede editar su nombre y cargo. En entornos corporativos esta información suele estar sincronizada con la cuenta de Microsoft 365 de la organización, pero siempre puede ajustarse para que refleje correctamente el rol o departamento. Mostrar claramente cargo o área de trabajo ayuda a identificar responsabilidades y agiliza la comunicación.

Otro aspecto importante es el **estado de disponibilidad.** Teams permite marcarse como *Disponible, Ocupado, No molestar, Ausente o Desconectado.* El estado se actualiza automáticamente cuando se está en una reunión o se comparte la pantalla, pero también puede cambiarse manualmente para gestionar la atención a los mensajes y llamadas. El uso correcto de esta función favorece la productividad, ya que respeta tiempos de concentración y evita interrupciones innecesarias.

Por último, desde la sección de perfil se pueden gestionar otros elementos, como el **mensaje de estado personalizado.** Esto permite informar a los compañeros de una situación concreta (por ejemplo, "Trabajando en remoto hoy" o "Respondo correos a partir de las 15:00").

Por otro lado, además de personalizar el perfil, es fundamental **ajustar la configuración** básica. Estas opciones influyen en la forma en que recibimos información, en la interacción con los dispositivos y en la seguridad de los datos.

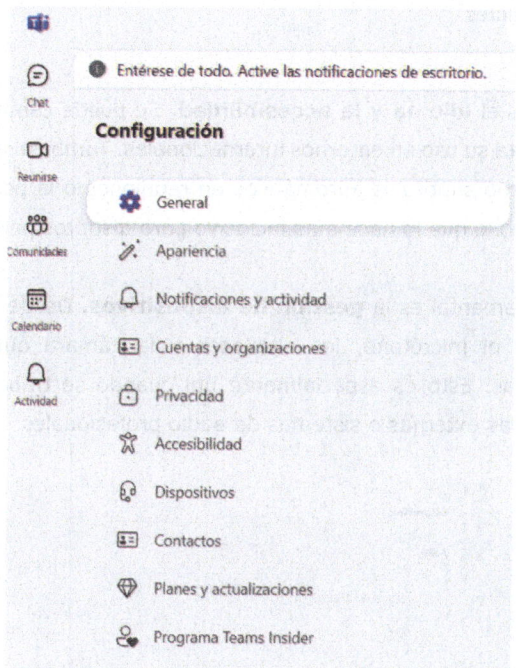

Fig. 2. La configuración ayuda a que la experiencia de uso se adapte a las necesidades de cada usuario

El primer aspecto son las **notificaciones.** Teams ofrece un sistema flexible que permite decidir cómo y cuándo se reciben avisos de nuevos mensajes, llamadas o actividades en los equipos. Se pueden configurar para que aparezcan como ventanas emergentes, solo en el *feed* de actividad o incluso desactivarlas en determinados casos.

 **Importante**

Una buena gestión de notificaciones evita distracciones constantes y ayuda a mantener el foco en las tareas más importantes.

El segundo punto es el **idioma y la accesibilidad.** Se puede cambiar el idioma de la interfaz, lo que facilita su uso en entornos internacionales. También se ofrecen funciones de accesibilidad, como subtítulos automáticos en reuniones o la posibilidad de activar un lector de pantalla, lo que lo hace más inclusivo para distintos perfiles de usuario.

Otro elemento fundamental es la **gestión de dispositivos.** Desde la configuración se pueden seleccionar el micrófono, los altavoces y la cámara que se utilizarán en reuniones o llamadas. Esto es especialmente útil cuando se trabaja con auriculares inalámbricos, cámaras externas o sistemas de audio profesionales.

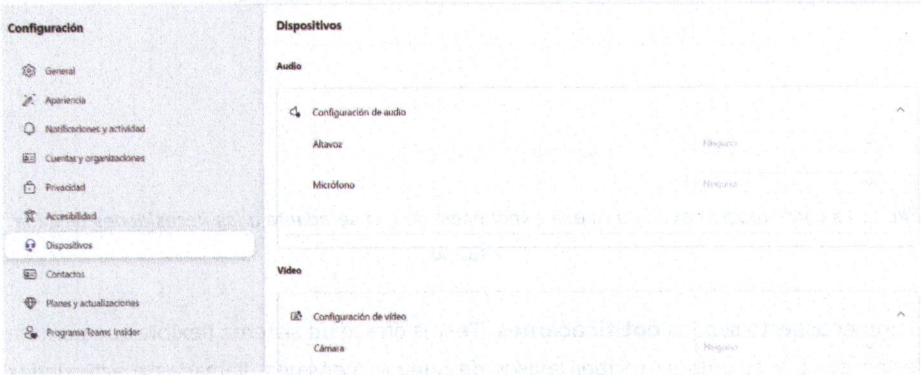

Fig. 3. Configurar el audio y el vídeo correctamente garantiza una buena calidad en las comunicaciones

Finalmente, se debe considerar la **seguridad y privacidad.** Teams permite ajustar opciones como quién puede llamarnos directamente, quién puede ver nuestro estado o cómo se gestionan los archivos compartidos. Además, al estar integrado en Microsoft 365, hereda la seguridad de la plataforma, con cifrado de datos y controles de acceso según la organización.

3. Uso del chat

El chat es una de las funciones más utilizadas en Teams, ya que permite mantener conversaciones rápidas y centralizar la comunicación escrita.

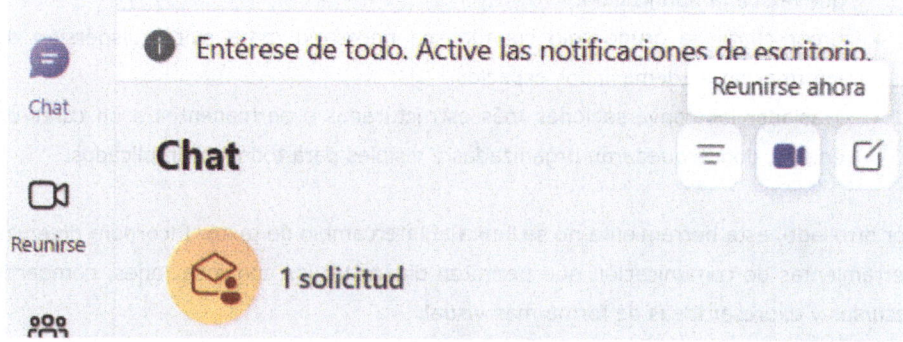

Fig. 4. El chat es muy útil para no recurrir constantemente al correo electrónico

Se divide en dos modalidades principales:

- **Chat individual.** Funciona como una conversación directa entre dos personas. Es ideal para resolver dudas rápidas, coordinar una tarea puntual o mantener un canal de comunicación más privado entre dos miembros de la organización. Su ventaja principal es la inmediatez, ya que evita largas cadenas de correos y permite integrar llamadas o videollamadas con un solo clic desde la misma ventana de chat.
- **Chat de grupo.** Reúne a varias personas en una misma conversación. Se utiliza para equipos reducidos que necesitan coordinarse sin crear un canal completo dentro de un equipo de trabajo. Un ejemplo sería un grupo temporal para organizar un evento, coordinar un proyecto entre varios departamentos o debatir sobre un documento concreto. Al igual que en el chat individual, es posible compartir archivos, realizar videollamadas grupales o usar menciones (@) para dirigirse a una persona en particular dentro del grupo.

Para que el uso del chat sea eficaz, conviene seguir algunas buenas prácticas, como:

- Mantener los mensajes breves y claros, evitando saturar con grandes bloques de texto.
- Usar las menciones (@nombre) para dirigirse a alguien en concreto y asegurar que reciba la notificación.
- Crear chats de grupo solo cuando sea necesario, para evitar dispersión de información en demasiados espacios.
- Trasladar las conversaciones más estructuradas o permanentes a un canal de equipo, donde quedarán organizadas y visibles para todos los implicados.

Por otro lado, esta herramienta no se limita al intercambio de texto. Incorpora diversas herramientas de comunicación que permiten dinamizar las conversaciones, compartir recursos y expresar ideas de forma más visual.

Una de las funciones más importantes es la posibilidad de **adjuntar archivos.** Se pueden subir documentos desde el propio ordenador, desde OneDrive o desde bibliotecas de SharePoint. Los archivos compartidos en el chat quedan almacenados en una pestaña específica dentro de la conversación, lo que facilita su consulta posterior sin necesidad de buscarlos entre mensajes antiguos.

Además del intercambio de archivos, el chat incluye elementos para hacer la comunicación más fluida y cercana. Entre ellos se encuentran:

- **Emojis:** ayudan a expresar emociones de forma rápida.
- **GIFs animados:** añaden un tono más informal en determinados contextos.
- **Stickers personalizados:** refuerzan la interacción visual.

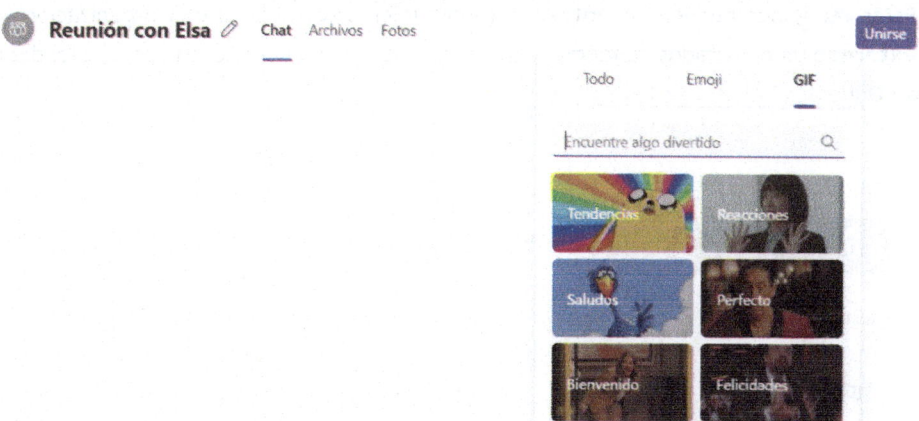

Fig. 5. Aunque estos recursos pueden ser útiles para crear un ambiente más distendido, conviene utilizarlos con moderación en entornos formales

Otra herramienta esencial son las **menciones (@).** Con ellas se puede llamar la atención de una persona concreta dentro de un chat grupal, asegurando que reciba una notificación específica. En equipos grandes, esta función resulta fundamental para dirigir mensajes sin que se pierdan entre múltiples aportaciones.

Por último, conviene destacar que todos estos elementos se integran con las **funciones de formato de texto.** El usuario puede dar formato a un mensaje con negritas, cursivas, listas o hipervínculos, lo que permite redactar mensajes más claros y estructurados, especialmente cuando se comparten instrucciones o datos importantes.

4. Realización de reuniones, llamadas y calendario

Una de las funciones más destacadas de Microsoft Teams es la posibilidad de programar y gestionar reuniones directamente desde la aplicación.

Estas reuniones pueden ser **internas** (entre miembros de la misma organización) o **externas** (con invitados de fuera), y se integran de forma automática con el calendario de Outlook,

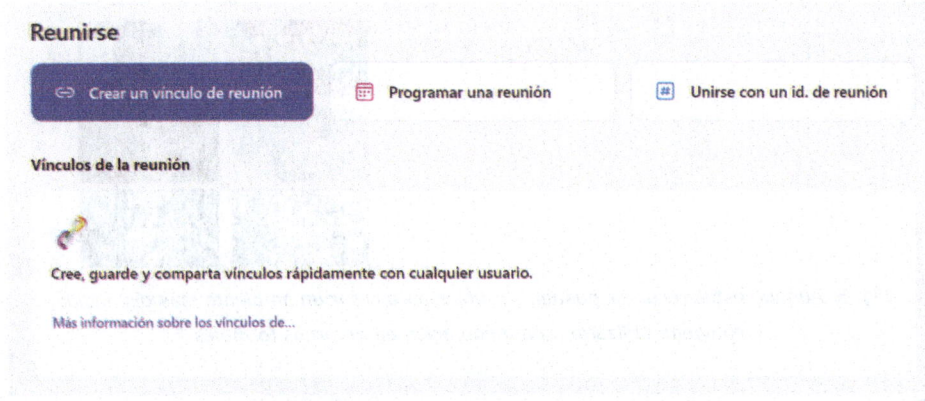

Fig. 6. La integración con el calendario facilita la planificación

Para **programar una reunión,** el usuario debe acceder a la pestaña *Calendario* dentro y seleccionar la opción *Nueva reunión.* Allí se abre un formulario donde se completan los datos principales:

- Título de la reunión, que debe reflejar claramente el propósito (ej. "Revisión mensual de proyecto").
- Fecha y hora de inicio y finalización.
- Participantes, que pueden seleccionarse de la organización o incluirse mediante correo electrónico para invitados externos.
- Canal o equipo vinculado, en caso de que la reunión esté asociada a un proyecto o departamento concreto.
- Descripción u orden del día, útil para que todos los asistentes lleguen preparados.

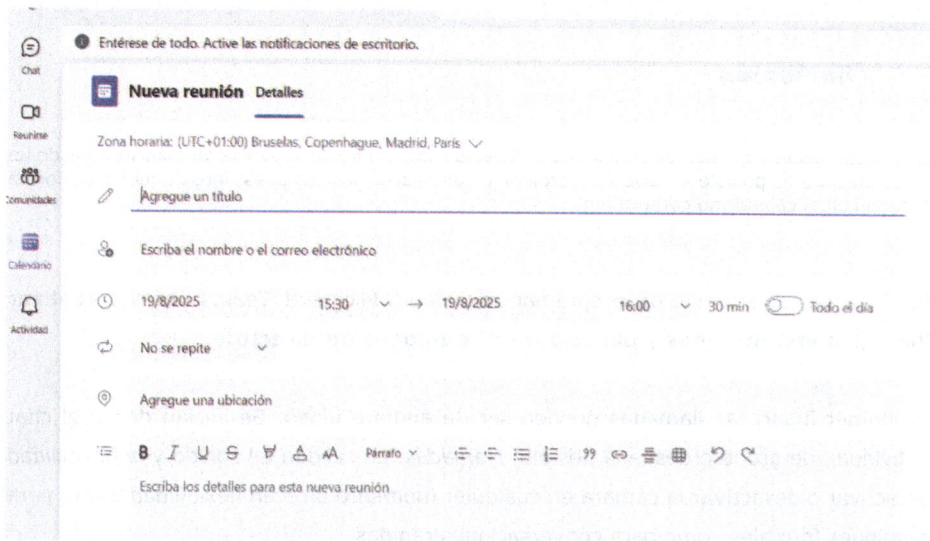

Fig. 7. Mientras más detalles se incluyan más organizada y productiva será la reunión

Una vez creada, aparece tanto en el calendario de Teams como en el de Outlook, sincronizándose en todos los dispositivos. Desde allí se pueden unir los asistentes con un solo clic cuando llegue el momento.

En cuanto a la gestión, también se puede **editar la reunión** en cualquier momento para cambiar fecha, hora o participantes. Además, ofrece opciones de control como grabar la sesión, habilitar sala de espera, configurar permisos de presentador o silenciar micrófonos.

Un aspecto interesante es la posibilidad de **generar un enlace de reunión** que puede compartirse fácilmente. Esto facilita la participación de personas externas, sin necesidad de que dispongan de cuenta en la organización, ya que pueden unirse como invitados.

Anotación

La programación y gestión de reuniones en Teams combina flexibilidad y centralización: desde un único entorno es posible convocar, coordinar y administrar las sesiones, integrándolas de forma natural con el calendario corporativo.

Por otra parte, además de programar reuniones, Microsoft Teams permite **realizar llamadas instantáneas y participar en reuniones en directo.**

En primer lugar, las llamadas pueden ser de audio o vídeo. Se inician desde el chat individual, de grupo o desde la pestaña *Llamadas.* La calidad de sonido y la posibilidad de activar o desactivar la cámara en cualquier momento ofrecen flexibilidad, tanto para reuniones formales como para conversaciones rápidas.

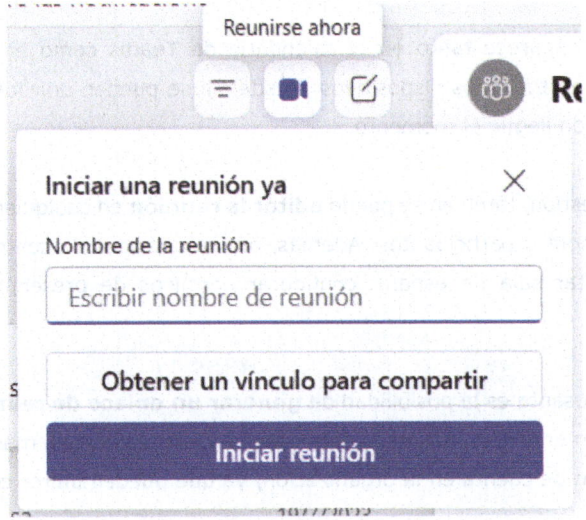

Fig. 8. Las reuniones en directo son ideales para la comunicación sincrónica

Durante una reunión en directo, el usuario dispone de diversas funciones como:

- Activar o desactivar micrófono y cámara, controlando la participación en cada momento.
- Compartir pantalla o ventana específica, lo que permite mostrar presentaciones, documentos o aplicaciones en tiempo real.
- Compartir presentaciones de PowerPoint directamente, con posibilidad de que los asistentes naveguen a su propio ritmo por las diapositivas.
- Chat integrado, donde los participantes pueden dejar comentarios o preguntas sin interrumpir la exposición oral.
- Reacciones en vivo (emojis como aplausos, pulgar arriba o corazón), que aportan dinamismo sin necesidad de hablar.

Además, incluyen herramientas avanzadas como la **grabación.** Esta función permite registrar tanto el vídeo como el audio y los contenidos compartidos en pantalla, de modo que los participantes puedan revisarlo más tarde o ponerlo a disposición de quienes no pudieron asistir. Las grabaciones se almacenan en OneDrive o SharePoint, dependiendo del tipo de reunión.

Otra función destacada es la de los **subtítulos automáticos y transcripciones,** muy útil para mejorar la accesibilidad y seguir el contenido en entornos multilingües o con limitaciones de audio.

En cuanto al **control de la reunión,** el organizador puede gestionar la participación: designar presentadores, habilitar o deshabilitar la sala de espera, silenciar asistentes o incluso dividir a los participantes en salas de grupos *(breakout rooms)* para actividades colaborativas.

5. Análisis de todas las opciones

Como se ha mencionado, uno de los elementos más característicos de Microsoft Teams es su capacidad para **organizar el trabajo en equipos,** estructurando la comunicación y los recursos en canales y pestañas.

En primer lugar, los **canales** funcionan como espacios temáticos dentro de un equipo. Cada equipo puede tener varios canales, creados para dividir proyectos, departamentos, tareas o áreas de interés.

 Ejemplo

Un equipo de marketing podría organizarse en canales como "Campañas digitales, Redes sociales y Eventos".

Los canales se clasifican en dos tipos:

- **Estándar.** Visibles para todos los miembros del equipo. Se utilizan para temas generales o de interés común.
- **Privados.** Accesibles solo a un subconjunto de personas dentro del equipo. Son útiles cuando se necesita discutir información sensible o restringida.

Dentro de cada canal, la comunicación se organiza en formato de conversaciones, que permiten responder de forma encadenada a mensajes concretos, evitando confusión en hilos largos.

En segundo lugar, cada canal incluye pestañas en la parte superior, que funcionan como accesos a recursos clave. Las pestañas predeterminadas son:

- **Publicaciones:** donde se concentran las conversaciones del canal.
- **Archivos:** donde se almacenan documentos compartidos entre los miembros.
- **Bloc de notas de OneNote:** ideal para tomar apuntes colaborativos.

Además, se pueden añadir pestañas personalizadas para integrar aplicaciones o servicios externos, como:

- Planner, para gestionar tareas y cronogramas.
- Power BI, para mostrar paneles de datos en tiempo real.
- Documentos de Office (Word, Excel, PowerPoint), editables sin salir de Teams.

- Aplicaciones de terceros como Trello, Asana o herramientas de encuestas.

Anotación

Los canales permiten ordenar el trabajo y segmentar la información, mientras que las pestañas convierten a cada canal en un centro de recursos personalizado, adaptado a las necesidades del equipo.

Por último, al igual que las herramientas anteriores una de las mayores fortalezas de Microsoft Teams es su capacidad para integrarse con otras aplicaciones, tanto del ecosistema de Microsoft 365 como de proveedores externos. Gracias a estas integraciones, o es solo un espacio de mensajería o reuniones, sino una plataforma de trabajo centralizada en la que los usuarios pueden acceder a múltiples recursos sin salir de la aplicación.

Dentro de las integraciones más importantes se encuentran:

- **Planner.** Herramienta de gestión de tareas que permite organizar proyectos en tableros con tarjetas. Cada tarjeta puede incluir responsables, fechas límite, archivos y comentarios. Integrar Planner en un canal de Teams facilita que todos los miembros del equipo visualicen y actualicen el estado de las tareas en tiempo real.
- **OneNote.** Cuaderno digital colaborativo donde los usuarios pueden tomar apuntes, crear listas o recopilar información. Al añadir OneNote como pestaña en un canal, se dispone de un espacio compartido de notas que todos los miembros pueden consultar y editar.
- **SharePoint.** Gestor documental de Microsoft que se vincula automáticamente a cada equipo y canal de Teams. Todos los archivos compartidos en un canal se almacenan en un sitio de SharePoint asociado, lo que permite una gestión documental avanzada (versionado, permisos, metadatos).
- **Aplicaciones de terceros.** También admite la integración de un gran número de aplicaciones externas como Trello, Asana, Zoom, Adobe Creative Cloud, SurveyMonkey o herramientas de productividad específicas de cada sector. Estas

integraciones amplían las capacidades de Teams y permiten adaptarlo a distintos contextos de trabajo.

Proceso

El proceso de integración es sencillo: desde un canal, basta con seleccionar el símbolo "+" en la barra de pestañas y elegir la aplicación deseada. Una vez añadida, la herramienta queda disponible para todos los miembros del canal, lo que facilita el acceso sin necesidad de cambiar de plataforma.

6. Crear un equipo de trabajo con Teams

En Microsoft Teams, los **equipos** son el núcleo de la colaboración. Cada equipo actúa como un espacio de trabajo donde se agrupan personas, conversaciones, archivos y aplicaciones relacionadas con un proyecto, un departamento o una actividad concreta.

Crear un equipo correctamente es el primer paso para estructurar la colaboración digital. Este proceso comienza en la pestaña *Equipos,* donde se selecciona la opción *Unirse a un equipo o crear uno.* Desde allí, el usuario puede elegir entre:

- Crear un equipo desde cero, definiendo manualmente su configuración.
- Crear un equipo a partir de un grupo de Microsoft 365 existente, lo que aprovecha listas de miembros ya establecidas.

Al crear un nuevo equipo, se ofrecen distintas opciones según el nivel de acceso y seguridad:

- **Privado.** Solo se accede por invitación. Es la opción adecuada para proyectos con información confidencial o equipos reducidos.
- **Público.** Cualquier miembro de la organización puede unirse libremente. Se utiliza para comunidades amplias, como foros de aprendizaje o intercambio de ideas.

- **Organización completa.** Todos los usuarios de la organización forman parte automáticamente. Es útil para anuncios globales o comunicaciones corporativas.

En cuanto a los roles, cada equipo tiene al menos dos:

- **Propietarios.** Responsables de crear y administrar el equipo. Pueden añadir o eliminar miembros, configurar canales, gestionar permisos y cambiar la configuración general.
- **Miembros.** Participan en conversaciones, comparten archivos y colaboran en los recursos del equipo. También es posible añadir invitados externos, con permisos limitados para colaborar en proyectos específicos.

La creación de un equipo no solo implica definir quién participa, sino también pensar en su estructura inicial de canales, el tipo de contenido que se compartirá y las aplicaciones que se integrarán desde el inicio (Planner, OneNote, SharePoint).

Una vez creado un equipo, la clave para que funcione de manera eficaz está en su **gestión y administración continua.** Esto implica organizar a los miembros, configurar canales adecuados y asignar roles claros que permitan mantener el orden y la productividad.

El primer paso es **añadir miembros al equipo.** Esto puede hacerse de dos maneras: de forma manual, introduciendo el nombre o correo de cada persona; o mediante la importación de grupos de Microsoft 365 ya existentes. Además, como se ha mencionado, permite incluir invitados externos (clientes, colaboradores, proveedores) con permisos limitados, lo que amplía las posibilidades de trabajo colaborativo más allá de la organización.

El segundo aspecto clave es la **configuración de canales.** Cada equipo cuenta con un canal general por defecto, pero es recomendable crear canales adicionales para organizar mejor la información. Los canales pueden ser:

- **Estándar:** visibles para todos los miembros del equipo.
- **Privados:** accesibles solo a un subconjunto de usuarios.

Al organizar los canales, conviene mantener una lógica clara (por proyecto, tema o fase de trabajo), evitando la proliferación excesiva de espacios que puedan dispersar la información.

Otro punto fundamental es la **asignación de propietarios y miembros.** Los propietarios tienen responsabilidades adicionales: pueden modificar la configuración del equipo, agregar o eliminar usuarios, crear canales privados y gestionar permisos. Es recomendable que haya al menos dos propietarios en cada equipo para garantizar continuidad en caso de ausencia de uno de ellos. Los miembros, por su parte, participan en las conversaciones, colaboran en archivos y usan las herramientas del equipo, pero no pueden modificar configuraciones globales.

Finalmente, la **administración del equipo** incluye la configuración de permisos específicos, como quién puede crear canales, eliminar mensajes o agregar aplicaciones. Ajustar estas opciones ayuda a mantener el equilibrio entre flexibilidad y control, especialmente en equipos grandes.

Resumen

Microsoft Teams integra funciones que antes estaban dispersas en distintas aplicaciones: chats, llamadas, videoconferencias, colaboración en documentos y almacenamiento de archivos

Su interfaz está organizada de forma intuitiva. La barra lateral izquierda da acceso a las funciones principales: *Actividad, Chat, Equipos, Calendario, Llamadas* y *Archivos*. Cada equipo se estructura en canales, que dividen el trabajo por temas, proyectos o departamentos, y dentro de cada canal se pueden añadir pestañas personalizadas con aplicaciones como Planner, OneNote o SharePoint. Además, la barra superior ofrece búsqueda rápida de mensajes, archivos o contactos, y la parte superior derecha permite gestionar el perfil, el estado y la configuración personal.

Por otro lado, las opciones de configuración permiten ajustar notificaciones, idioma, accesibilidad y dispositivos de audio y vídeo, asegurando que la experiencia de uso se adapte a las necesidades de cada usuario.

El chat es una de las funciones más utilizadas, ya que sustituye gran parte de la comunicación por correo electrónico. Puede ser individual o grupal y permite compartir archivos, iniciar llamadas o videollamadas con un solo clic.

Las reuniones y videollamadas son otra de las principales funciones de Teams. Se programan desde el calendario, sincronizado con Outlook, y pueden incluir tanto usuarios internos como invitados externos. Durante una reunión, los asistentes pueden compartir pantalla, presentar documentos, interactuar mediante chat o reacciones en vivo, e incluso dividirse en salas de grupos (breakout rooms).

La organización del trabajo se fortalece mediante la creación de equipos y canales. Los equipos agrupan a los miembros de un proyecto o departamento, mientras que los canales permiten dividir el contenido en áreas temáticas. Además, su integración con OneDrive y SharePoint asegura que todos los archivos compartidos estén siempre disponibles en la nube.

Glosario

Canales

Subespacios dentro de un equipo que organizan conversaciones, archivos y aplicaciones por temas o proyectos. Pueden ser estándar (visibles para todos) o privados (solo para algunos miembros).

Chat

Espacio de comunicación en tiempo real, que puede ser individual o grupal, y que permite integrar llamadas, videollamadas y compartir archivos.

Comunidades

Espacios abiertos y sociales, donde personas con intereses comunes pueden conversar u organizar actividades sin necesidad de formar un equipo formal.

Equipos

Núcleo de la colaboración en Microsoft Teams. Cada equipo agrupa personas, conversaciones, archivos y aplicaciones relacionados con un proyecto, departamento o área de trabajo.

Planner

Aplicación de Microsoft que permite crear y gestionar tareas en tableros visuales, fácilmente integrable en equipos y canales.

Privacidad

Conjunto de configuraciones de seguridad y permisos que permiten controlar quién puede acceder a un equipo, un canal o a la información compartida.

SharePoint

Plataforma de gestión documental que se integra fácilmente y almacena los archivos compartidos en equipos y canales.

Ejercicios de autoevaluación

1. ¿Cuál es la función principal de Microsoft Teams dentro de Microsoft 365?

a. Editar imágenes.

b. Centralizar la comunicación y la colaboración en un único espacio de trabajo.

c. Crear presentaciones visuales.

d. Administrar bases de datos.

2. ¿Qué sección de Teams reúne todas las notificaciones recientes (menciones, reacciones, cambios en equipos)?

a. Chat.

b. Archivos.

c. Actividad.

d. Llamadas.

3. ¿Qué diferencia existe entre un canal estándar y uno privado?

a. El privado permite grabar reuniones y el estándar no.

b. El privado tiene más pestañas que el estándar.

c. El estándar no admite integraciones externas.

d. El estándar es visible para todos los miembros del equipo y el privado solo para un grupo reducido.

4. ¿Qué aplicación integrada en Teams permite la gestión de tareas mediante tableros y tarjetas?

a. OneNote.

b. Planner.

c. SharePoint.

d. Outlook.

5. ¿Dónde se configura la fotografía, el estado y los datos básicos del usuario?

a. En el canal general.

b. En el menú Archivo.

c. En el perfil del usuario (barra superior derecha).

d. En el calendario.

6. ¿Qué opción de está sincronizada automáticamente con Outlook?

a. Archivos.

b. Calendario.

c. Chat.

d. Comunidades.

7. ¿Qué recurso de accesibilidad ofrece Teams en las reuniones para mejorar la comprensión del contenido?

a. Subtítulos automáticos y transcripciones.

b. Traductor automático de documentos.

c. Conversión de chats en PDF.

d. Mensajes de estado.

8. ¿Qué herramienta de Teams almacena los archivos compartidos en canales de forma organizada y con control de versiones?

a. OneNote.

b. Planner.

c. SharePoint.

d. Outlook.

9. ¿Qué función permite dividir a los participantes de una reunión en subgrupos más pequeños para trabajar en paralelo?

    a. Reacciones en vivo.

    b. Salas de grupos *(Breakout rooms)*.

    c. Vista de presentador.

    d. Hipervínculos.

10. ¿Cuál de las siguientes ventajas es clave al usar Microsoft Teams en lugar del correo electrónico tradicional?

    a. Centraliza conversaciones, archivos y reuniones en un solo entorno.

    b. Permite enviar mensajes sin límite de tamaño.

    c. Funciona sin conexión a Internet.

    d. Elimina la necesidad de usar contraseñas.

U. A. 5. Uso del correo electrónico. Outlook

Introducción

Microsoft Outlook además de un gestor de correo electrónico, es una herramienta integral de organización y productividad dentro de Microsoft 365. Además de permitir el envío y la recepción de correos, incorpora funciones avanzadas de calendario, contactos y tareas, convirtiéndose en un verdadero asistente digital.

Su integración facilita trabajar de manera conectada con aplicaciones como Teams, OneDrive o SharePoint. Gracias a lo que es posible programar reuniones en línea, adjuntar archivos en la nube, coordinar agendas y colaborar en documentos sin necesidad de salir de la aplicación.

Outlook se presenta como un entorno flexible y seguro, accesible desde su versión de escritorio, web y móvil. Ofrece herramientas de organización como filtros, reglas y categorías para gestionar el correo entrante, así como sistemas de protección contra spam, phishing y pérdida de datos sensibles.

Objetivos

- Identificar la interfaz de Outlook y comprender las funciones principales de correo, calendario, contactos y tareas.
- Redactar y enviar correos electrónicos profesionales, aplicando buenas prácticas de comunicación y uso de asuntos, destinatarios y firmas.
- Gestionar la bandeja de entrada mediante herramientas como carpetas, categorías, filtros y reglas automáticas.
- Organizar reuniones y eventos a través del calendario integrado, sincronizado con Microsoft Teams y otros dispositivos.
- Administrar contactos de manera eficiente, almacenando y actualizando datos relevantes para la comunicación empresarial.
- Crear y gestionar tareas y recordatorios, vinculándolos a correos o eventos para convertir mensajes en acciones concretas.
- Configurar opciones de seguridad y privacidad, incluyendo cifrado de mensajes y restricciones de uso para proteger información sensible.
- Aplicar buenas prácticas en el uso del correo electrónico, priorizando claridad, organización y estilo profesional en la comunicación diaria.

1. ¿Por qué utilizar Outlook?

Microsoft Outlook es una herramienta integral que combina gestión de correo, calendario, contactos y tareas, lo que lo convierte en un verdadero asistente digital para la organización profesional. Su uso permite mejorar la planificación, el seguimiento de compromisos y la eficiencia en la comunicación interna y externa.

Su objetivo no se limita a enviar y recibir mensajes, sino a convertirse en un centro de gestión personal y profesional. Entre sus principales funciones se encuentran:

- **Correo electrónico avanzado.** Con opciones de redacción, envío, almacenamiento y búsqueda eficiente de mensajes.
- **Calendario integrado.** Que permite programar reuniones, establecer recordatorios y sincronizar agendas con compañeros de trabajo.
- **Gestión de contactos.** Donde se pueden guardar direcciones, teléfonos y perfiles profesionales para facilitar la comunicación.
- **Tareas y recordatorios.** Que convierten al correo en un organizador personal.
- **Integración con Teams y OneDrive.** Lo que permite adjuntar archivos en la nube o generar reuniones en línea directamente desde un correo.

Frente a otros gestores de correo (como Gmail o Thunderbird), Outlook ofrece ventajas significativas como:

- Está plenamente integrado en el ecosistema Microsoft 365, lo que facilita la colaboración entre correo, documentos y reuniones.
- Su sistema de filtros y reglas automáticas permite organizar el correo entrante de forma avanzada.
- Proporciona una sincronización multiplataforma (versión de escritorio, web y móvil) que asegura acceso al correo desde cualquier dispositivo.
- Ofrece herramientas de seguridad corporativa (antiphishing, cifrado, protección de datos sensibles) que resultan esenciales en entornos empresariales.

Como se ha mencionado, no se limita a gestionar correos electrónicos, sino que se ha consolidado como una herramienta de productividad, al integrar en un mismo entorno correo, calendario, contactos y tareas. Esta integración permite organizar el trabajo diario de forma más eficiente, reduciendo la necesidad de utilizar múltiples aplicaciones.

En primer lugar, el **calendario** permite programar reuniones presenciales o virtuales, establecer recordatorios, crear eventos recurrentes y sincronizar la agenda con otros dispositivos. Además, al estar vinculado con Microsoft Teams, es posible generar enlaces de reunión directamente desde el propio calendario, lo que facilita la planificación colaborativa.

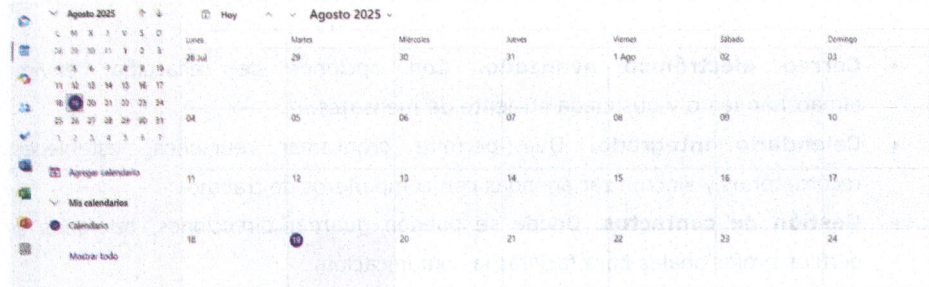

Fig. 1. El calendario es una de sus funciones más destacadas

En segundo lugar, la **gestión de contactos** permite almacenar y organizar la información de clientes, compañeros o proveedores en una base de datos integrada. Cada contacto puede incluir detalles como teléfono, empresa, cargo o notas adicionales, lo que simplifica el acceso y la actualización de información. Estos contactos pueden utilizarse directamente para programar reuniones, enviar correos o compartir documentos, optimizando la comunicación.

Un tercer componente clave son las **tareas y recordatorios.** Outlook permite crear listas de pendientes, asignar fechas límite y recibir alertas para no olvidar compromisos importantes. Estas tareas pueden estar vinculadas a correos recibidos, lo que facilita convertir un mensaje en una acción concreta.

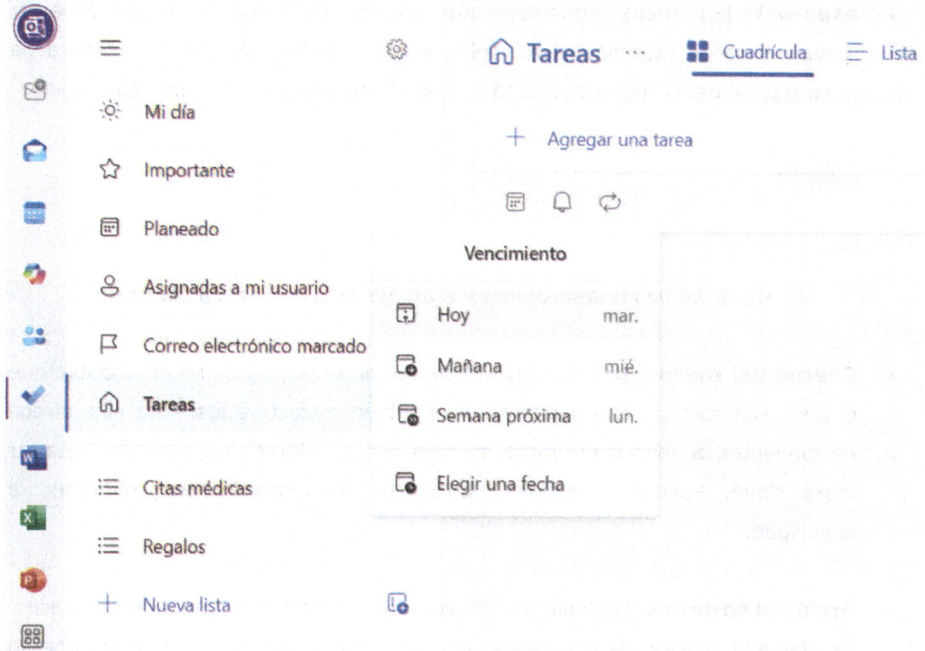

Fig. 2. Se puede responder a un cliente antes de una fecha específica

2. Creación y envío de correos. Aspectos básicos de uso

Redactar un correo electrónico en Outlook es una tarea fundamental y, aunque parece sencilla, requiere atender a varios elementos que garantizan claridad, profesionalidad y eficacia en la comunicación.

El proceso comienza con la creación de un nuevo mensaje desde la opción *Nuevo correo*. A partir de ahí, se deben completar los siguientes campos:

- **Destinatarios.** En el campo *Para* se incluyen los principales receptores. Además, Outlook ofrece los campos *CC* (con copia) y *CCO* (con copia oculta). El primero se utiliza para informar a otras personas sin que sean los destinatarios directos, mientras que el segundo permite incluir direcciones que permanecerán ocultas para el resto de receptores.

- **Asunto.** Es la primera información que verá el destinatario, por lo que debe ser breve, claro y representativo del contenido. Un buen asunto facilita la organización del correo y aumenta la probabilidad de que sea leído con rapidez.

Fig. 3. Incluir los destinatarios y el asunto del correo es el primer paso

- **Cuerpo del mensaje.** Constituye el contenido principal. Es recomendable que el texto sea conciso, con párrafos cortos y bien estructurados. Para ello, ofrece herramientas de formato (negrita, cursiva, listas, colores) que permiten resaltar ideas clave, aunque conviene usarlas con moderación para mantener la legibilidad.

- **Archivos adjuntos.** Outlook permite adjuntar documentos, imágenes o enlaces. Gracias a la integración con OneDrive, es posible enviar archivos en la nube, lo que evita problemas de tamaño y asegura que todos los destinatarios accedan a la versión más actualizada.

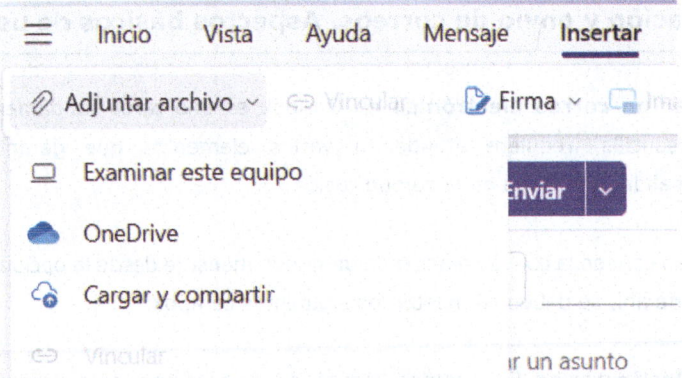

Fig. 4. Se pueden adjuntar archivos con un tamaño máximo de 25 MB

Otro aspecto destacado es la opción de **configurar firmas de correo electrónico automáticas,** que pueden incluir el nombre, cargo, datos de contacto y, en entornos profesionales, el logotipo de la empresa. Esto aporta formalidad y refuerza la identidad corporativa en cada mensaje enviado.

Por otro lado, no solo hay que saber redactar mensajes, sino también **gestionar adecuadamente su envío y recepción.** Para ello, Outlook ofrece un conjunto de funciones básicas que permiten mantener una comunicación organizada y eficiente.

En primer lugar, tras recibir un correo en la bandeja de entrada, el usuario dispone de varias **opciones de respuesta:**

- **Responder.** Se utiliza cuando se quiere contestar únicamente al remitente original del mensaje. Es la opción más común para comunicaciones directas.
- **Responder a todos.** Esta función envía la respuesta al remitente y a todos los destinatarios incluidos en *Para* y *CC*. Se recomienda usarla solo cuando la información de la respuesta sea relevante para todos, evitando saturar a personas que no necesitan conocer el mensaje.
- **Reenviar.** Permite enviar un correo recibido a nuevos destinatarios que no estaban incluidos en el mensaje original. Puede incluirse un comentario adicional para contextualizar el reenvío.

Además de estas opciones de respuesta, Outlook facilita la **organización del correo recibido.** Cada mensaje puede moverse a carpetas, marcarse como leído/no leído o resaltarse con categorías de color, lo que ayuda a identificar rápidamente prioridades.

La bandeja de entrada cuenta también con herramientas como la **bandeja prioritaria,** que separa los mensajes más importantes de los menos relevantes mediante inteligencia artificial.

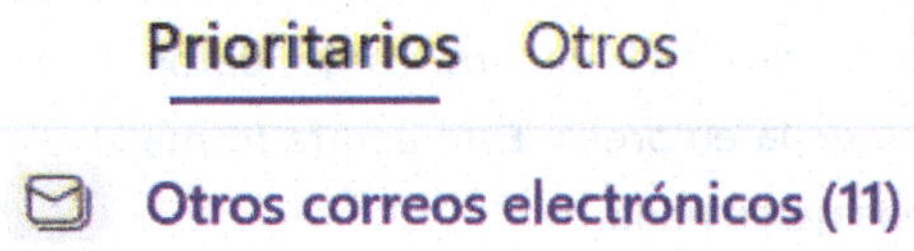

Prioritarios   Otros

✉ **Otros correos electrónicos (11)**

Fig. 5. La bandeja de Prioritarios ayuda al usuario a centrarse primero en lo esencial

Otro aspecto a destacar es la posibilidad de **programar el envío de correos.** Esta función resulta útil para adaptar la comunicación a diferentes husos horarios o para planificar mensajes con antelación sin necesidad de enviarlos de inmediato.

 **Importante**

Las opciones de envío y recepción en Outlook permiten mantener un flujo de comunicación claro, ordenado y ajustado a las necesidades de cada contexto, evitando errores comunes como responder a todos innecesariamente o perder información relevante en una bandeja saturada.

3. Análisis de configuraciones avanzadas

Una de las principales tareas en el uso del correo electrónico es **gestionar el volumen de mensajes recibidos.** Outlook ofrece herramientas avanzadas como los filtros, reglas y categorías, que permiten organizar automáticamente la bandeja de entrada y optimizar el tiempo del usuario.

En primer lugar, desde la bandeja de entrada, con los **filtros** es posible aplicar criterios como remitente, asunto, fecha, archivos adjuntos o importancia. Estos filtros resultan útiles cuando se busca un correo concreto o cuando se necesita priorizar mensajes urgentes frente a otros menos relevantes.

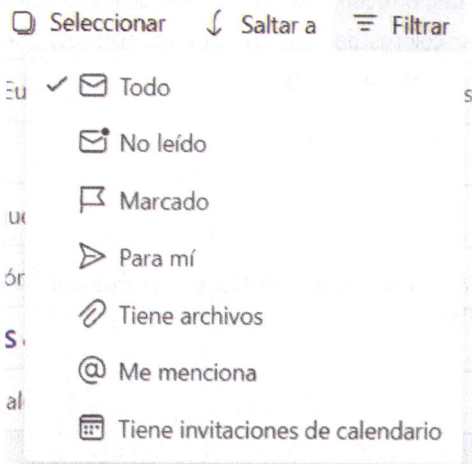

Fig. 6. Los filtros ayudan a localizar y clasificar los correos de manera rápida

Las **reglas** van un paso más allá, ya que automatizan acciones sobre los correos entrantes. Por ejemplo, se puede configurar que:

- Todos los correos de un cliente específico se muevan automáticamente a una carpeta concreta.
- Los mensajes que contengan determinadas palabras clave se marquen como importantes.
- Ciertos correos se reenvíen de forma automática a otro miembro del equipo.

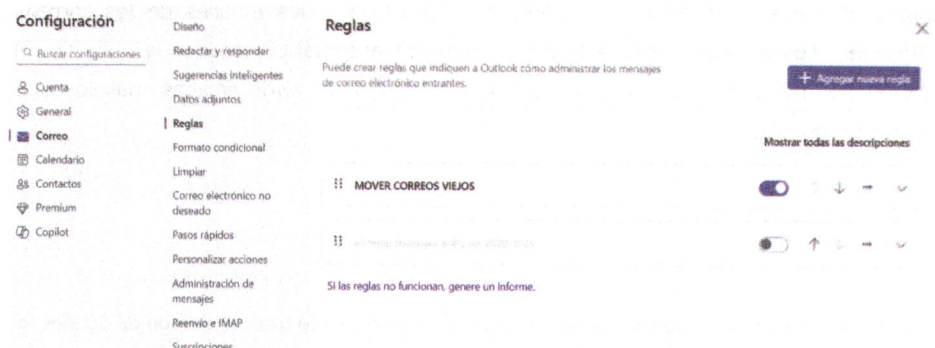

Fig. 7. Las reglas permiten reducir la gestión manual de correos y garantizan que la información quede organizada desde el momento en que llega a la bandeja de entrada

Respecto a las **categorías,** ofrecen una forma visual de identificar y clasificar mensajes. Outlook permite asignar colores personalizados a los correos, que pueden representar proyectos, prioridades o áreas de trabajo.

El color rojo puede usarse para mensajes urgentes, el azul para comunicaciones de clientes y el verde para asuntos internos.

El uso combinado de filtros, reglas y categorías proporciona un sistema de organización flexible que se adapta a las necesidades de cada usuario, transformando la bandeja de entrada en un entorno más ordenado y productivo.

Por otro lado, el correo electrónico es también un canal vulnerable a amenazas como spam, *phishing* o filtraciones de datos sensibles. Outlook, dentro de Microsoft 365, incorpora diversas funciones que refuerzan **la seguridad y la confidencialidad** de la información.

Una función es la **protección contra spam y phishing.** Outlook utiliza filtros inteligentes que analizan el contenido, los remitentes y los enlaces de los correos entrantes. Los mensajes sospechosos se mueven automáticamente a la carpeta de *Correo no deseado* o *Phishing,* reduciendo el riesgo de abrir enlaces maliciosos o descargar archivos peligrosos.

Correo no deseado ★

⚠ Los elementos del correo electrónico no deseado se eliminarán permanentemente después de 30 días

Fig. 8. Lo elementos de esta carpeta se eliminan automáticamente tras un periodo de 30 días, o se pueden eliminar definitivamente manualmente

También permite aplicar **cifrado de correos electrónicos.** Al activar esta opción, el contenido del mensaje solo puede ser leído por el destinatario autorizado, lo que evita accesos no deseados en caso de que el correo sea interceptado. El cifrado es especialmente útil para enviar documentos sensibles, datos financieros o información confidencial de clientes.

Otro recurso importante es la **gestión de permisos y derechos digitales.** Incluye la opción de restringir lo que los destinatarios pueden hacer con un correo, por ejemplo:

- Evitar que el mensaje sea reenviado.
- Impedir la copia del contenido o la descarga de archivos adjuntos.
- Establecer fechas de expiración del acceso al correo.

Además, las cuentas de Outlook se benefician de las **medidas de seguridad corporativa de Microsoft 365,** como la autenticación multifactor (MFA), la detección de accesos sospechosos y el cumplimiento de normativas internacionales de protección de datos (como el RGPD).

4. Uso del correo electrónico con Outlook

Como se ha mencionado anteriormente, una de las grandes ventajas de Outlook es que no funciona de manera aislada, sino que se integra plenamente con el entorno de Microsoft 365.

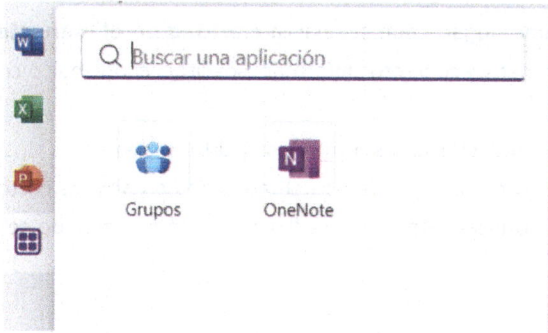

Fig. 9. Esta integración permite trabajar de forma fluida entre distintas aplicaciones sin necesidad de salir de Outlook

Por un lado, destaca su **conexión con Microsoft Teams.** Desde un correo recibido en Outlook es posible programar directamente una reunión en Teams, generando un enlace de acceso automático para los participantes. Asimismo, los recordatorios de reuniones programadas en Teams aparecen en el calendario de Outlook, garantizando la sincronización de agendas y reduciendo duplicidades.

En segundo lugar, la **conexión con OneDrive** facilita la gestión de archivos adjuntos. En lugar de enviar documentos pesados, Outlook permite compartir enlaces de archivos en la nube. Esto ofrece dos beneficios: evita saturar el correo con adjuntos y asegura que todos los destinatarios accedan siempre a la última versión del documento, sin necesidad de reenviar actualizaciones.

Además, la **integración con SharePoint** mejora la colaboración en proyectos. Cuando los equipos de trabajo comparten archivos en un sitio de SharePoint, estos pueden adjuntarse en correos de Outlook manteniendo permisos y control de acceso. Esto garantiza la seguridad de la información y la coherencia en el trabajo colaborativo.

Por último, cabe señalar que el correo electrónico es una de las principales **vías de comunicación** en el entorno laboral. Sin embargo, un uso inadecuado puede generar malentendidos, pérdida de tiempo o saturación en la bandeja de entrada. Como herramienta de referencia en muchas organizaciones, se recomienda aplicar una serie de buenas prácticas de comunicación profesional.

En primer lugar, cabe señalar la **claridad en el mensaje.** Cada correo debe responder a un objetivo concreto: informar, solicitar, confirmar o coordinar. Para ello, conviene:

- Redactar un asunto breve y descriptivo.
- Organizar el cuerpo del mensaje en párrafos cortos, resaltando lo esencial.
- Utilizar listas numeradas o con viñetas cuando se expongan varios puntos.

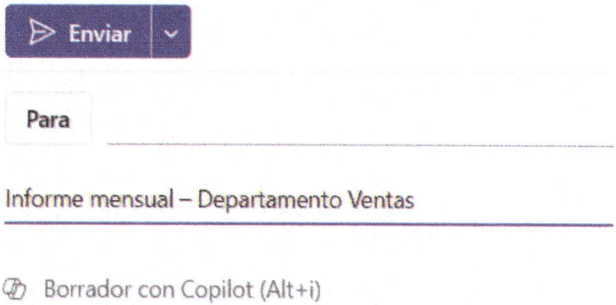

Fig. 10. La claridad en el asunto debe responder a un objetivo concreto

A continuación, debe cuidarse el **estilo de comunicación.** Aunque el correo es menos formal que una carta, no deja de ser un canal profesional. Se recomienda, por tanto:

- Evitar expresiones ambiguas o coloquiales.
- Mantener un tono respetuoso y cordial.
- Revisar la ortografía y gramática antes de enviar.
- Incorporar una firma profesional con datos de contacto (nombre, cargo, teléfono, empresa).

Un tercer aspecto fundamental es la **gestión eficiente de mensajes.** Outlook ofrece funciones que ayudan a reducir la sobrecarga de correos, pero también depende de las prácticas del usuario:

- Usar "Responder a todos" solo cuando sea estrictamente necesario, para no saturar a destinatarios irrelevantes.
- Priorizar el uso de carpetas, categorías y reglas para organizar la bandeja de entrada.
- Archivar o eliminar mensajes una vez atendidos, evitando la acumulación.
- Convertir correos en tareas o citas de calendario cuando impliquen acciones posteriores.

Resumen

Aunque la función principal de Outlook es la gestión del correo electrónico, también incorpora un calendario, una agenda de contactos y un gestor de tareas.

Por una parte, permite redactar, enviar y recibir mensajes de manera profesional. Además de los campos básicos, incluye funciones avanzadas como la posibilidad de programar envíos, crear firmas personalizadas y adjuntar archivos desde el propio dispositivo o desde la nube mediante OneDrive. A la hora de recibir correos, ofrece opciones de responder, responder a todos o reenviar, así como herramientas para clasificar mensajes en carpetas, marcarlos como importantes o aplicar categorías de color.

Respecto a su calendario integrado, este permite programar reuniones presenciales o virtuales, crear eventos recurrentes, establecer recordatorios y sincronizar agendas entre distintos dispositivos. Al estar vinculado con Microsoft Teams, es posible generar enlaces de reuniones en línea directamente desde un correo o evento, lo que facilita la coordinación de equipos.

La gestión de contactos es otro elemento clave. Se puede almacenar información detallada de personas y organizaciones, como teléfonos, correos, empresas y cargos. Estos contactos pueden usarse directamente para programar citas, enviar correos o compartir documentos, convirtiéndose en una base de datos profesional integrada. Asimismo, la función de tareas y recordatorios convierte un simple correo en una acción pendiente. Los usuarios pueden crear listas de tareas, asignar fechas límite y recibir avisos automáticos, asegurando que no se pierdan compromisos importantes.

En cuanto a la organización avanzada del correo, dispone de filtros, reglas y categorías. Los filtros permiten localizar rápidamente mensajes por remitente, fecha o asunto; las reglas automatizan la clasificación de correos entrantes; y las categorías, mediante colores, ayudan a priorizar y diferenciar proyectos o áreas de trabajo.

La seguridad también es un aspecto fundamental en Outlook. La plataforma incluye filtros de spam y phishing, además de la opción de cifrar mensajes y restringir su reenvío o copia, garantizando así la confidencialidad de la información. En entornos corporativos, también se beneficia de la seguridad de Microsoft 365, con autenticación multifactor y cumplimiento de normativas internacionales como el RGPD.

Finalmente, se integra de manera fluida con el resto de aplicaciones de Microsoft 365. Desde un correo se puede programar una reunión en Teams, compartir un archivo mediante OneDrive o acceder a documentos almacenados en SharePoint.

Glosario

Asunto

Texto breve que resume el contenido de un correo. Es lo primero que ve el destinatario y debe ser claro y representativo.

CC (Con copia)

Campo del correo electrónico utilizado para incluir destinatarios adicionales que deben estar informados, aunque no sean los principales receptores.

CCO (Con copia oculta)

Campo del correo electrónico que permite añadir destinatarios invisibles para el resto, garantizando privacidad.

Cifrado de correo

Medida de seguridad que garantiza que solo el destinatario autorizado pueda leer el contenido del mensaje.

Phishing

Técnica fraudulenta de correo electrónico que busca engañar al usuario para robar información personal o financiera. Outlook cuenta con filtros de protección contra esta amenaza.

Ejercicios de autoevaluación

1. ¿Cuál es la principal diferencia de Outlook frente a otros gestores de correo como Gmail o Thunderbird?

    a. Permite solo enviar correos desde la web.

    b. Integra correo, calendario, contactos y tareas en un mismo entorno.

    c. No admite sincronización en móviles.

    d. Solo funciona en Windows.

2. ¿Qué campo del correo electrónico permite incluir destinatarios ocultos para el resto de receptores?

    a. CC.

    b. Para.

    c. CCO.

    d. BCC.

3. ¿Qué herramienta de Outlook permite organizar automáticamente los mensajes entrantes en carpetas o aplicarles acciones predefinidas?

    a. Bandeja prioritaria.

    b. Reglas.

    c. Categorías.

    d. Filtros rápidos.

4. ¿Qué opción de seguridad asegura que solo el destinatario autorizado pueda leer el contenido de un mensaje?

    a. Firma digital.

    b. Cifrado de correo.

    c. Copia oculta.

    d. Reglas automáticas.

5. ¿Qué funcionalidad de Outlook convierte correos en recordatorios con fechas límite?

a. Filtros.
b. Tareas.
c. Categorías.
d. Carpetas.

6. ¿Qué beneficio aporta la integración de Outlook con OneDrive al enviar archivos?

a. Permite enviar correos más rápidos.
b. Evita saturar la bandeja de entrada y garantiza acceso a la última versión del archivo.
c. Convierte automáticamente los archivos en PDF.
d. Impide que se compartan enlaces externos.

7. ¿Qué apartado ayuda a distinguir los mensajes más relevantes del resto?

a. Archivos.
b. Bandeja prioritaria.
c. Categorías.
d. Contactos frecuentes.

8. ¿Qué aplicación de Microsoft 365 está directamente vinculada al calendario de Outlook para programar reuniones en línea?

a. OneNote.
b. Teams.
c. Power BI.
d. SharePoint.

9. ¿Cuál es una buena práctica recomendada en el uso profesional del correo electrónico?

a. Usar "Responder a todos" siempre para mantener informados a todos los contactos.
b. Escribir asuntos largos y detallados.
c. Redactar mensajes claros y concisos con un asunto breve y representativo.
d. Evitar usar firmas automáticas.

10. ¿Qué herramienta permite clasificar visualmente los correos mediante colores personalizados?

a. Carpetas.
b. Categorías.
c. Filtros.
d. Reglas.

U. A. 6. Creación de anotaciones digitales con OneNote

Introducción

Microsoft OneNote es una aplicación diseñada para la creación, almacenamiento y organización de notas digitales, pensada como un bloc de notas virtual flexible y dinámico. A diferencia de los procesadores de texto tradicionales, funciona como un lienzo en blanco en el que el usuario puede insertar libremente texto, imágenes, enlaces, capturas de pantalla, grabaciones de audio y vídeo, listas o incluso anotaciones manuscritas con un lápiz digital.

Su estructura consiste en una jerarquía de blocs de notas, secciones y páginas, lo que permite gestionar grandes volúmenes de información de forma clara y accesible. Cada bloc puede destinarse a un proyecto, asignatura o área de trabajo. Dentro de él, las secciones dividen la información en apartados temáticos, y las páginas recogen las notas concretas.

Entre sus principales ventajas destacan la compatibilidad multimedia, la sincronización en la nube mediante OneDrive, la colaboración en tiempo real y la búsqueda inteligente que reconoce incluso texto en imágenes o notas manuscritas (OCR).

Además, se integra con otras aplicaciones de Microsoft 365 como Outlook (para vincular correos y tareas) y Teams (para centralizar notas de reuniones y proyectos compartidos).

Objetivos

- Identificar la interfaz de OneNote y comprender su estructura basada en blocs de notas, secciones y páginas.
- Crear y organizar notas digitales en distintos formatos (texto, imágenes, tablas, audio, vídeo, escritura manual).
- Aplicar herramientas de clasificación mediante etiquetas y búsquedas avanzadas para localizar información con rapidez.
- Utilizar funciones de colaboración en tiempo real, compartiendo blocs de notas y gestionando permisos de edición o lectura.
- Integrar OneNote con OneDrive para acceder a la información desde cualquier dispositivo de manera sincronizada.
- Vincular OneNote con otras aplicaciones de Microsoft 365 como Outlook y Teams para mejorar la productividad.
- Aplicar técnicas de organización avanzada (uso de secciones, etiquetas personalizadas, notas rápidas, OCR) para mantener un repositorio estructurado.
- Preparar blocs de notas para contextos profesionales y educativos, adaptando la estructura a proyectos, reuniones o asignaturas.
- Utilizar herramientas multimedia y de escritura digital para enriquecer las notas con esquemas, gráficos o dibujos.

1. Introducción a la herramienta

Esta aplicación está diseñada para la creación, almacenamiento y organización de notas digitales. A diferencia de otros procesadores de texto, su estructura flexible permite capturar ideas, esquemas, imágenes, enlaces o incluso grabaciones, organizándolos en cuadernos y secciones de fácil acceso. Además, su capacidad de colaboración en tiempo real lo convierte en un recurso muy útil para proyectos de grupo, estudio y gestión de información personal o corporativa.

Su finalidad principal es ofrecer un espacio donde el usuario pueda capturar cualquier tipo de contenido en el momento en que lo necesite: texto, imágenes, listas, grabaciones de audio, recortes de pantalla o enlaces. A diferencia de los documentos de Word, que tienden a seguir una estructura más formal, las páginas de OneNote se comportan como lienzos en blanco donde la información puede colocarse libremente.

Entre sus **funciones** más destacadas se encuentran:

- **Estructura jerárquica**: de blocs de notas, secciones y páginas, que permite organizar grandes volúmenes de información.
- **Compatibilidad multimedia:** al admitir texto, imágenes, audio, vídeo y escritura a mano con lápiz digital.
- **Sincronización en la nube:** mediante OneDrive, que asegura acceso desde cualquier dispositivo.
- **Colaboración en tiempo real:** que permite que varias personas trabajen sobre el mismo bloc de notas al mismo tiempo.
- **Búsqueda inteligente:** que localiza palabras incluso dentro de imágenes y notas manuscritas gracias a la tecnología OCR (reconocimiento óptico de caracteres).

Las ventajas de utilizar OneNote frente a un bloc de notas físico o frente a aplicaciones menos integradas son: mayor organización, accesibilidad y seguridad de la información. Además, al formar parte de Microsoft 365, se conecta de manera fluida con Outlook, Teams y otras herramientas.

La **interfaz** de OneNote basa su organización en una jerarquía clara: bloc de notas, secciones y páginas. En el lateral se muestran las secciones y las páginas, lo que permite navegar de manera rápida entre distintos apartados.

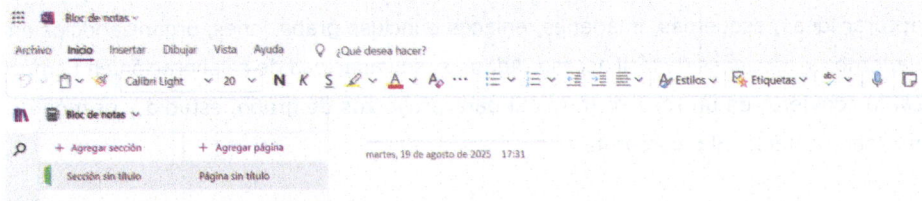

Fig. 1. La interfaz de OneNote está pensada para simular un bloc de notas físico, pero con la flexibilidad del entorno digital

En primer lugar, el **bloc de notas** es la unidad principal. Puede entenderse como una carpeta virtual que reúne toda la información sobre un tema, proyecto o área de trabajo.

Un estudiante puede tener un bloc para cada asignatura, y un profesional uno para cada cliente o proyecto.

Dentro de cada bloc se encuentran las **secciones,** que funcionan como pestañas de un cuaderno. Sirven para dividir el contenido en apartados más concretos.

Un bloc de notas de "Marketing" podría tener secciones como *Campañas, Reuniones o Análisis de datos.*

Finalmente, cada sección contiene varias **páginas,** donde se introduce la información. Una página puede ser una reunión concreta, un esquema de trabajo, un listado de tareas o un conjunto de ideas. Lo interesante es que las páginas no tienen una estructura rígida: se comportan como un lienzo en el que se puede insertar texto, imágenes, tablas, listas, grabaciones o enlaces en cualquier posición.

Por otra parte, la interfaz se complementa con una **barra de menús y herramientas** en la parte superior, que ofrece funciones de formato, inserción de contenido y dibujo.

Fig. 2. Desde esta barra se accede a diferentes funciones para la creación de notas

Por último, está la **sincronización automática.** Al igual que Word o Excel, todos los cambios en un bloc se guardan en la nube (OneDrive), de manera que cualquier actualización aparece reflejada en todos los dispositivos vinculados.

2. Creación y organización de notas

Como se ha comentado en varias ocasiones, una de las principales ventajas de OneNote es la versatilidad en la creación de notas. A diferencia de un editor tradicional de texto, que limita el formato y la disposición del contenido, en OneNote las páginas permiten insertar y combinar diferentes tipos de elementos.

Los contenidos más habituales son:

- **Texto.** Es el formato básico y más utilizado. Se puede escribir libremente en cualquier parte de la página, sin restricciones de estructura. El texto admite formato avanzado (negritas, cursivas, listas, títulos, colores) y se puede combinar con otros elementos sin interferir en su disposición.

- **Imágenes.** OneNote permite insertar imágenes desde el equipo, desde la web o incluso a través de capturas de pantalla realizadas directamente con la herramienta de recorte. Esto facilita ilustrar conceptos, guardar ejemplos visuales o recopilar información gráfica en un mismo espacio.

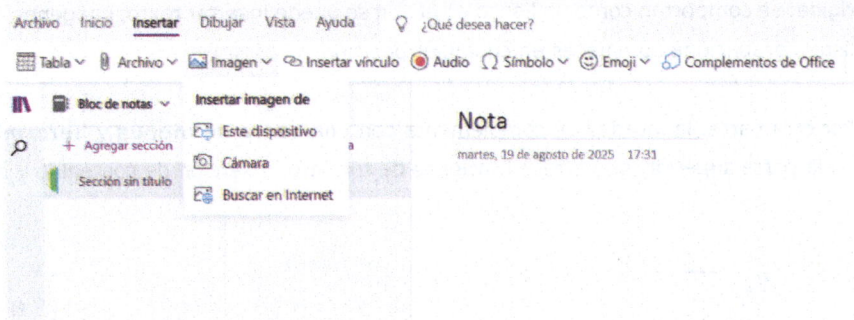

Fig. 3. La inserción de imágenes da un aspecto más visual y dinámico a las notas

- **Enlaces.** Se pueden añadir hipervínculos tanto a páginas web como a archivos o incluso a otras notas. Esto convierte al bloc en un recurso conectado, que integra diferentes fuentes de información.

- **Audio y vídeo**. Permite grabar notas de audio y vídeo directamente desde la aplicación, algo especialmente útil en contextos educativos o reuniones de trabajo. De esta manera, es posible capturar explicaciones o debates completos sin depender solo de la escritura.

Anotación

Además de estos elementos, admite también tablas, etiquetas, ecuaciones matemáticas e incluso escritura manual con lápiz digital, lo que amplía todavía más sus posibilidades.

Por otra parte, la utilidad real de OneNote no reside solo en la posibilidad de capturar información, sino en su capacidad para **organizarla de forma clara y accesible.** Para ello, como se ha mencionado anteriormente, la aplicación combina la estructura jerárquica de blocs de notas, secciones y páginas con herramientas específicas como etiquetas y búsquedas avanzadas.

Por un lado, la **organización jerárquica** constituye la base para que:

- Cada bloc de notas puede destinarse a un proyecto, asignatura o área de trabajo.
- Dentro de él, las secciones permiten dividir la información en grandes bloques temáticos.
- Finalmente, las páginas agrupan notas más concretas y detalladas.

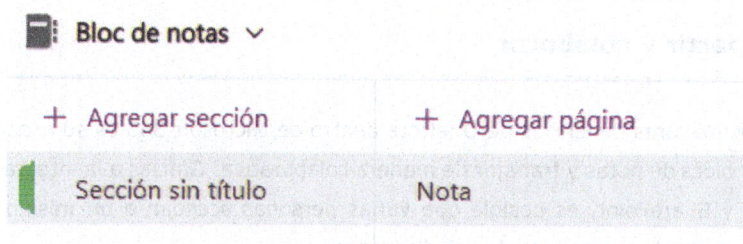

Fig. 4. Este esquema evita que la información se disperse y facilita localizarla en el contexto adecuado

En segundo lugar, incorpora las **etiquetas** como recurso de clasificación transversal. Una etiqueta es un marcador visual que se aplica a un fragmento de texto o contenido. Existen etiquetas predeterminadas como *Importante, Pendiente, Pregunta, Idea,* aunque también es posible crear etiquetas personalizadas. Gracias a ellas, una misma nota puede aparecer dentro de su sección correspondiente y, al mismo tiempo, estar marcada como "urgente" o "revisar más tarde".

Un tercer recurso fundamental es la **búsqueda avanzada.** OneNote permite localizar palabras clave en todo el bloc de notas, incluso dentro de imágenes y notas manuscritas, gracias a la tecnología OCR (reconocimiento óptico de caracteres). Esto significa que, aunque se hayan insertado capturas de pantalla o escritos a mano, el contenido sigue siendo rastreable.

 Importante

La combinación de jerarquía, etiquetas y búsquedas ofrece un sistema flexible: se puede navegar de lo general a lo particular (bloc - sección - página), o bien encontrar directamente un dato puntual a través del buscador.

3. Compartir y colaborar

Uno de los mayores beneficios de OneNote dentro de Microsoft 365 es su capacidad de compartir blocs de notas y trabajar de manera colaborativa. Gracias a la integración con OneDrive y SharePoint, es posible que varias personas accedan a un mismo bloc en cualquier momento y desde cualquier dispositivo.

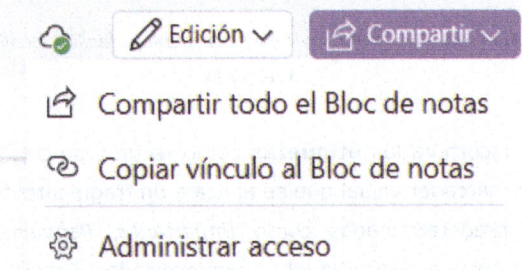

Fig. 5. Existen diferentes opciones para compartir el bloc de notas

El proceso comienza desde el propio bloc, donde el usuario puede seleccionar la opción *Compartir.* Existen distintas alternativas:

- **Enlace de solo lectura.** Permite a los destinatarios consultar la información sin modificarla. Es útil cuando se quiere distribuir material de referencia, como actas de reuniones o manuales de trabajo.
- **Enlace de edición.** Habilita a los usuarios invitados a añadir, modificar o eliminar contenido en el bloc. Esta opción es ideal para proyectos colaborativos donde varias personas deben aportar información.

- **Invitación directa.** En lugar de generar un enlace abierto, se pueden especificar las direcciones de correo de los colaboradores. De este modo, solo esas personas tendrán acceso al bloc.

Además, ofrece **controles de permisos** que refuerzan la seguridad y la confidencialidad. Es posible definir qué usuarios tienen derechos de edición y cuáles solo de lectura, así como revocar accesos en cualquier momento.

Recuerda

Los blocs de notas compartidos se sincronizan automáticamente en la nube. Esto significa que todos los cambios realizados por un usuario se reflejan al instante para el resto, garantizando que la información esté siempre actualizada.

Por otro lado, también se utiliza como herramienta de **colaboración en tiempo real.** Al estar vinculado a OneDrive o SharePoint, cualquier bloc de notas compartido permite que varios usuarios trabajen de forma simultánea sobre el mismo contenido. Cuando dos o más personas editan un bloc al mismo tiempo, OneNote sincroniza automáticamente los cambios, mostrando en pantalla las actualizaciones casi al instante. Esto significa que es posible, por ejemplo, que un grupo de trabajo tome notas en paralelo durante una reunión, o que varios estudiantes completen un mismo resumen de clase al mismo tiempo.

En este sentido, un aspecto destacado es el **seguimiento de cambios.** Esta herramienta permite identificar quién ha realizado cada edición, mostrando el nombre del colaborador junto al contenido añadido o modificado. Esto facilita la trazabilidad y evita confusiones en entornos con múltiples editores.

Además, los usuarios pueden **combinar distintos formatos** en una misma sesión: mientras una persona escribe texto, otra puede insertar imágenes o grabar audio, y un tercero puede organizar la información con etiquetas. Esta flexibilidad multimedia colaborativa convierte a OneNote en una herramienta más versátil que un documento tradicional.

Por último, en caso de **trabajar sin conexión**, cada usuario puede realizar cambios de forma local, y estos se sincronizan automáticamente en cuanto se restablece la conexión. OneNote gestiona los posibles conflictos de edición para evitar la pérdida de información.

4. Elaboración de notas digitales con OneNote

Los pasos básicos a seguir para crear una nota en OneNote son los siguientes.

1. Abrir OneNote e ir a *Archivo>Nuevo*. Elegir OneDrive como ubicación (así habrá sincronización y copia en la nube). Poner un nombre y pulsar *Crear*.

Recuerda

Recuerda iniciar sesión con tu cuenta de Microsoft 365 para que todo se sincronice en OneDrive automáticamente.

2. En su interfaz (como se ha visto anteriormente) se encontrará:

   - Panel izquierdo: lista de notas y secciones (como separadores de una libreta).
   - Columna derecha: páginas dentro de cada sección.
   - Área central: la página donde se escribe (se puede escribir en cualquier parte).

   Para crear secciones, páginas y subpáginas, los pasos son:

   - Nueva sección: clic en + *Nueva sección* (o botón derecho en la barra de secciones).
   - Nueva página: clic en *Agregar página* (sobre la lista de páginas).
   - Subpágina: arrastrar una página ligeramente a la derecha bajo otra para anidarla o botón derecho y *Convertir en subpágina*.

Fig. 6. Ejemplo de nota con las secciones, páginas y subpáginas creadas

3. Para escribir y da formato rápido, hacer clic en cualquier sitio de la página y empezar a escribir. En *Inicio* se encontrará negrita, títulos, listas y más. Para listas de tareas, usar *Inicio>Etiquetas>Tareas pendientes* o el atajo *Ctrl+1.* Por otro lado, con *Ctrl+0* se quitan etiquetas.

4. Insertar texto, imágenes, recortes, archivos, audio, etc.:

   • *Insertar>Imagen/Archivo/Vinculación* para adjuntar material.
   • *Insertar>Grabación de audio* para tomar notas de voz mientras se escribe.
   • Recorte de pantalla: *Insertar>Recorte de pantalla* (capturar una zona y pegar en la página).

5. Dibujar o escribir a mano (y convertir a texto). Ir a *Dibujar* y elegir un lápiz o marcador para escribir con lápiz digital o ratón. Para convertir escritura a mano en texto: *Dibujar>Selección con lazo>Tinta a texto (Windows).*

Fig. 7. Ejemplo de nota con texto e imágenes insertadas

6. Compartir y colaborar en tiempo real. Pulsar en *Compartir* (arriba a la derecha)>*Copiar vínculo al bloc* o *Compartir todo el bloc* con permisos de *Ver* o *Editar.* Todos pueden escribir a la vez y ver marcas de color donde edita cada persona.

Truco

- Ctrl+1: aplicar/quitar etiqueta *Tareas pendientes.*
- Ctrl+2...9: otras etiquetas.
- Ctrl+0: quitar etiquetas.
- Ctrl+Alt+N: nueva página detrás de la actual.
- Ctrl+U: página nueva.
- Ctrl+E: busca en todos los blocs.
- Ctrl+F: busca en la página.

Como se ha señalado anteriormente, OneNote se puede usar tanto en los entornos profesionales como educativos, ya que es un recurso ideal para organizar, compartir y gestionar información.

En el ámbito profesional, se utiliza con frecuencia en:

- **Reuniones.** Permite recopilar el orden del día, tomar apuntes en tiempo real, adjuntar documentos relevantes y anotar decisiones o acuerdos alcanzados. Al estar sincronizado con Outlook y Teams, los blocs de notas pueden vincularse a citas del calendario y compartirse con todos los asistentes.
- **Gestión de proyectos.** Cada proyecto puede tener su propio bloc de notas con secciones dedicadas a cronogramas, análisis, documentación técnica y listas de tareas. Esto asegura que la información esté centralizada y accesible para todo el equipo.
- **Trabajo colaborativo.** La posibilidad de insertar imágenes, gráficos o tablas hace que OneNote funcione como un espacio de lluvia de ideas *(brainstorming),* donde varios miembros aportan contenidos de manera flexible.

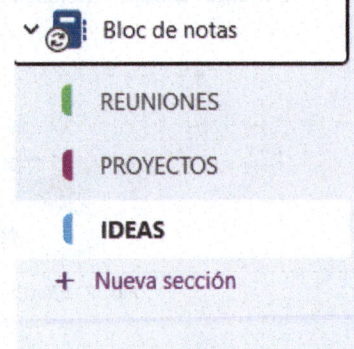

Fig. 8. La creación de secciones ayuda para esta funcionalidad

Por otra parte, en el ámbito educativo, se utiliza para:

- **Notas de clase.** Los estudiantes pueden organizar sus apuntes por asignaturas y temas, integrando texto, imágenes y grabaciones de voz.
- **Cuadernos compartidos.** Los docentes pueden crear blocs de notas colaborativos, donde distribuyen materiales, tareas y recursos, y los estudiantes aportan sus trabajos.
- **Clases interactivas.** Gracias a las funciones de escritura a mano con lápiz digital, OneNote permite resolver ejercicios, dibujar esquemas y anotar sobre imágenes, lo que enriquece la experiencia de aprendizaje.

En ambos entornos, ofrece la ventaja de ser multiplataforma (PC, móvil, tableta), lo que garantiza acceso constante a la información y favorece tanto el trabajo presencial como remoto.

Cuando se utiliza en conjunto con otras aplicaciones de Microsoft 365, lo convierte en una herramienta conectada y versátil que se adapta a múltiples escenarios de trabajo y estudio.

En primer lugar, la **integración con Outlook** permite una conexión directa entre el correo y las notas. Es posible enviar un correo electrónico a OneNote para archivarlo dentro de un bloc de notas, o crear tareas vinculadas a un mensaje recibido. De este modo, el correo electrónico se transforma en información organizada y accionable.

En segundo lugar, por su **conexión con Microsoft Teams,** cada equipo o canal puede tener un bloc de notas asociado, accesible para todos los miembros. Esto es especialmente útil en proyectos colaborativos, donde las notas de reuniones, las ideas y los recursos quedan centralizados en un espacio compartido y accesible en tiempo real.

Por último, la **integración con dispositivos móviles** amplía la utilidad de OneNote más allá del escritorio. A través de la aplicación disponible para iOS y Android, los usuarios pueden capturar notas rápidas, tomar fotos, grabar audio o consultar blocs desde cualquier lugar. La sincronización en la nube garantiza que toda la información quede actualizada de forma inmediata, independientemente del dispositivo utilizado.

Resumen

OneNote se diferencia de los procesadores de texto tradicionales porque ofrece un lienzo flexible en el que se pueden insertar libremente textos, imágenes, tablas, enlaces, capturas de pantalla, grabaciones de audio o incluso escritura manual con un lápiz digital.

La estructura de OneNote se organiza en tres niveles jerárquicos: blocs de notas, secciones y páginas. El bloc de notas es la unidad principal, que puede destinarse a un proyecto, asignatura o área de trabajo. Dentro de él, las secciones funcionan como divisiones temáticas, mientras que las páginas recogen el contenido concreto. Este modelo evita la dispersión de la información y facilita encontrarla en el contexto adecuado.

Por otra parte, ofrece herramientas de clasificación transversal, como las etiquetas, que permiten marcar fragmentos de información como "Importante", "Pendiente" o "Pregunta". Además, la aplicación incorpora un motor de búsqueda inteligente, capaz de localizar palabras incluso dentro de imágenes o escritura manuscrita gracias a la tecnología OCR (Reconocimiento Óptico de Caracteres). Esto asegura que toda la información almacenada, aunque sea visual o no estructurada, se mantenga accesible en segundos.

Otra de sus grandes ventajas es la colaboración en tiempo real. Al estar vinculada con OneDrive y SharePoint, permite que varias personas trabajen simultáneamente en un mismo bloc de notas, con sincronización automática en todos los dispositivos.

Glosario

Colaboración en tiempo real

Capacidad para que varios usuarios trabajen simultáneamente en un mismo bloc de notas, con sincronización automática.

Copilot

Asistente de inteligencia artificial integrado en OneNote que ayuda a resumir, reescribir o generar listas a partir de notas largas.

Escritura digital

Uso de lápices ópticos o pantallas táctiles para escribir o dibujar a mano alzada.

Etiquetas

Marcadores visuales aplicables a fragmentos de contenido para clasificarlos según su importancia o categoría (ej. "Importante", "Pendiente", "Pregunta").

OCR (Reconocimiento Óptico de Caracteres)

Tecnología que permite a OneNote identificar y buscar palabras dentro de imágenes, capturas de pantalla y notas manuscritas.

Permisos de acceso

Configuración que define si un usuario puede editar o solo visualizar un bloc de notas compartido.

Sincronización

Proceso automático mediante el cual los cambios realizados en un bloc de notas se actualizan en todos los dispositivos vinculados.

Ejercicios de autoevaluación

1. ¿Cuál es la función principal de OneNote dentro de Microsoft 365?

a. Crear presentaciones visuales.

b. Gestionar correos electrónicos.

c. Capturar, organizar y compartir notas digitales.

d. Editar imágenes.

2. ¿Cuál es la estructura jerárquica de organización en OneNote?

a. Blocs de notas – Secciones – Páginas.

b. Carpetas – Archivos – Páginas.

c. Proyectos – Categorías – Tareas.

d. Canales – Chats – Archivos.

3. ¿Qué característica convierte a OneNote en un "lienzo digital flexible"?

a. Permite añadir solo texto estructurado.

b. Permite insertar texto, imágenes, audio, vídeo o escritura manual libremente en la página.

c. Solo admite listas y tablas.

d. Limita la posición del contenido al margen izquierdo.

4. ¿Qué tecnología permite buscar palabras dentro de imágenes y notas manuscritas?

a. OCR (Reconocimiento Óptico de Caracteres).

b. Inteligencia Artificial de Copilot.

c. SharePoint.

d. Power Automate.

5. ¿Qué función permite clasificar notas con marcadores como "Importante", "Pendiente" o "Pregunta"?

    a. Categorías.

    b. Carpetas.

    c. Etiquetas.

    d. Subcarpetas.

6. ¿Qué ventaja ofrece el uso de OneDrive con OneNote?

    a. Mejora el formato de las páginas.

    b. Sincroniza automáticamente los blocs de notas en todos los dispositivos.

    c. Convierte notas en diapositivas.

    d. Elimina notas antiguas de forma automática.

7. ¿Qué funcionalidad permite que varias personas trabajen simultáneamente en un mismo bloc de notas?

    a. Plantillas.

    b. Vista Esquema.

    c. Colaboración en tiempo real.

    d. Pestañas privadas.

8. ¿Qué integración permite enviar correos directamente a OneNote o generar tareas vinculadas?

    a. Teams.

    b. Outlook.

    c. Planner.

    d. Excel.

9. ¿Qué función es especialmente útil en contextos educativos para que un docente comparta materiales y los estudiantes aporten sus trabajos en un mismo espacio?

a. Tareas automáticas.
b. Cuadernos compartidos.
c. Firmas digitales.
d. Vistas dinámicas.

10. ¿Cuál de estas funciones más recientes de OneNote aprovecha la inteligencia artificial para resumir textos y generar listas de tareas?

a. Copilot.
b. OCR.
c. Loop.
d. OneDrive.

Aplicaciones prácticas

Aplicación práctica 1. Diseño y elaboración de una hoja de cálculo en Excel

Unidad de aprendizaje 1: Conocimiento de hojas de cálculo: Excel

Una empresa dedicada a la venta de material de oficina ha experimentado un aumento en sus gastos mensuales durante el último año. La gerencia sospecha que hay categorías de gasto que están creciendo de forma descontrolada y necesita identificar cuáles son para tomar medidas correctivas. Hasta ahora, los registros de gastos se han realizado en documentos de texto y hojas en papel, lo que dificulta el análisis y la comparación.

El equipo directivo ha decidido comenzar a organizar y sistematizar los datos financieros utilizando hojas de cálculo de Excel, con el objetivo de transformar la información en informes claros que ayuden a la toma de decisiones.

Por tanto, el gerente te solicita que lleves a cabo las siguientes tareas:

1. Diseñar un esquema de hoja de cálculo que permita registrar gastos mensuales por categorías (alquiler, suministros, salarios, material de oficina, transporte, otros).
2. Definir qué funciones y fórmulas deberían utilizarse para:
   - Calcular el gasto total mensual.
   - Comparar cuánto se destina a cada categoría.
   - Detectar el gasto más alto y el más bajo del mes.
3. Proponer qué gráficos serían útiles para visualizar la información y presentarla al comité directivo.

Aplicación práctica 2. Funcionalidades de Word

Unidad de aprendizaje 2: Creación de documentos con Word

Un estudiante debe entregar un informe académico de 30 páginas como parte de su formación. El documento tiene que incluir:

- Portada con título, autor y fecha.
- Índice automático.
- Texto dividido en capítulos y subcapítulos.
- Tablas con datos comparativos.
- Imágenes que ilustran los apartados.
- Bibliografía final.

El problema es que, tras elaborarlo, el documento carece de coherencia:

- Cada título tiene un formato distinto (tamaños, fuentes, colores).
- No hay numeración de páginas ni encabezados.
- Los márgenes y el interlineado son irregulares.
- Al insertar imágenes, el texto se desordena.
- El índice no se actualiza automáticamente.

¿Qué funcionalidades de Word debería aplicar el estudiante para transformar este borrador en un informe profesional, bien maquetado y listo para entregar? Elabora un ejemplo de informe similar a este (elige un tema de tu interés), de unas 5-10 páginas, que incluya estas funcionalidades de Word bien aplicadas. Recuerda adjuntarlo para su evaluación.

Aplicación práctica 3. Diseño de presentaciones con PowerPoint

Unidad de aprendizaje 3: Presentaciones eficaces con PowerPoint

Un profesor debe preparar una presentación en PowerPoint para impartir una clase de 45 minutos. El contenido está completo, pero se encuentra mal organizado y con una estética poco cuidada. Los problemas detectados son los siguientes:

- El archivo contiene 30 diapositivas con demasiado texto, lo que dificulta la atención de los estudiantes.
- No hay una secuencia clara de introducción, desarrollo y cierre.
- Los gráficos y tablas se insertaron sin un estilo uniforme ni etiquetas claras.
- No se han usado temas ni estilos de tipografía, por lo que cada diapositiva presenta fuentes y colores distintos.

¿Qué funcionalidades de PowerPoint debería aplicar para solucionar cada uno de estos problemas?

Por otro lado, quiere que ciertos datos aparezcan de manera progresiva para no saturar a los alumnos. Además, desea incluir un enlace a un vídeo y un botón de acción para volver al índice de la presentación. ¿Qué opciones debe utilizar en este caso? Adjunta capturas de pantalla del proceso a seguir.

Aplicación práctica 4. Uso de herramientas en Teams

Unidad de aprendizaje 4: Colaboración y trabajo en equipo con Teams

Un grupo de empleados trabaja en el desarrollo de un nuevo producto. La empresa ha decidido utilizar Microsoft Teams para centralizar la comunicación y mejorar la coordinación. Sin embargo, al inicio surgen dudas sobre qué funciones utilizar en distintas situaciones del proyecto.

Identifica qué herramienta o funcionalidad de Teams sería la más adecuada en cada caso:

- Los miembros necesitan un espacio general para compartir mensajes y documentos.
- El responsable del proyecto quiere dividir a los participantes en subgrupos temporales para actividades específicas.
- El equipo quiere planificar tareas con responsables y fechas límite.
- Durante las reuniones, algunos asistentes necesitan seguir el contenido con subtítulos en tiempo real.
- Los empleados solicitan acceso a los archivos del proyecto sin buscarlos en correos.
- El presentador necesita contar con un guion de apoyo visible solo para él.

Aplicación práctica 5. Redacción y envío de correos electrónicos con Outlook

Unidad de aprendizaje 5: Uso del correo electrónico. Outlook

Un empleado ha enviado un correo electrónico desde Outlook a varios compañeros de la empresa. Sin embargo, en su mensaje se produjeron los siguientes errores:

- En el campo "Responder a todos", incluyó información sensible que solo interesaba al remitente original.
- Adjuntó un archivo de gran tamaño desde el ordenador, lo que saturó la bandeja de entrada de algunos destinatarios.
- No redactó un asunto claro, por lo que el mensaje pasó desapercibido en la bandeja de entrada.
- No aplicó cifrado en un correo que contenía datos confidenciales de un cliente.
- Envió el correo sin una firma profesional, lo que dificultó identificar cargo y datos de contacto.

¿Qué errores de uso de Outlook se han cometido en esta situación y qué funcionalidades de la herramienta deberían haberse aplicado para evitar cada problema?

Aplicación práctica 6. Ventajas de trabajar con OneNote

Unidad de aprendizaje 6: Creación de anotaciones digitales con OneNote

Clara es jefa de proyectos y utiliza OneNote como herramienta central en su jornada. Por la mañana, comienza revisando el bloc de notas del proyecto X, donde la sección de Desarrollo ya contiene varias páginas con ideas recopiladas por su equipo. Allí encuentra una nota marcada con una etiqueta de *"Pendiente": revisar un gráfico financiero.*

Durante la reunión diaria, abre OneNote desde su tableta y escribe a mano algunos comentarios que luego se transforman automáticamente en texto gracias a la función de escritura digital. Su compañero Luis añade una grabación de audio para dejar constancia de la discusión sobre plazos.

Al terminar, Clara usa la opción de integración con Outlook para enviar las tareas destacadas directamente al calendario de su equipo, estableciendo fechas límite. Por la tarde, desde casa, accede al mismo bloc mediante su portátil, ya que OneNote se ha sincronizado en OneDrive y todas las actualizaciones están disponibles.

- ¿Qué funcionalidades de OneNote se están usando y cómo se relacionan con la organización del trabajo en equipo?
- ¿Qué ventajas aporta la combinación de escritura digital, grabaciones y sincronización en la nube?
- ¿Cómo mejora la productividad la integración de OneNote con Outlook en este caso?

Ejercicio de evaluación final

1. ¿Cuál es la función principal de Microsoft Excel?

a. Editar imágenes.

b. Gestionar correos electrónicos.

c. Crear presentaciones.

d. Elaborar y analizar hojas de cálculo.

2. En Excel, ¿qué diferencia hay entre una celda y una hoja?

a. Son lo mismo.

b. La celda es la unidad mínima y la hoja agrupa varias celdas.

c. La hoja es más pequeña que la celda.

d. La celda solo sirve para fórmulas.

3. ¿Qué tipo de referencia en Excel se mantiene fija al copiar una fórmula?

a. Relativa.

b. Absoluta.

c. Mixta.

d. Variable.

4. ¿Cuál de las siguientes funciones sirve para buscar un valor en una tabla?

a. BUSCARV.

b. SUMA.

c. PROMEDIO.

d. CONCATENAR.

5. ¿Qué elemento en Excel permite analizar grandes volúmenes de datos de forma resumida?

a. Fórmulas básicas.

b. Tablas dinámicas.

c. Celdas combinadas.

d. Series automáticas.

6. ¿Qué herramienta de Excel permite crear listas desplegables?

a. Filtros.

b. Tablas.

c. Validación de datos.

d. Segmentaciones.

7. ¿Qué es una macro en Excel?

a. Una celda especial.

b. Una tabla dinámica.

c. Una secuencia de comandos que automatiza tareas.

d. Un gráfico.

8. En Word, ¿qué diferencia hay entre un documento en blanco y una plantilla?

a. Ninguna.

b. Ambos son predeterminados.

c. El documento en blanco no se puede guardar.

d. La plantilla ya contiene formato y diseño preestablecido.

9. ¿Qué pestaña de Word se utiliza para aplicar formato al texto?

    a. Insertar.

    b. Inicio.

    c. Referencias.

    d. Vista.

10. ¿Qué opción de Word permite mantener coherencia en el diseño del documento?

    a. Tablas.

    b. Márgenes.

    c. Estilos y temas.

    d. Notas al pie.

11. ¿Qué tipo de archivo genera Word por defecto?

    a. .pdf.

    b. .docx.

    c. .xlsx.

    d. .pptx.

12. ¿Qué elemento de Word permite insertar un gráfico de barras o circular?

    a. Encabezado.

    b. Nota al pie.

    c. Estilo rápido.

    d. Insertar gráfico.

13. ¿Qué ventaja tiene usar tablas en Word?

    a. Mejorar el estilo visual.

    b. Organizar información en filas y columnas.

    c. Convertir texto en formato automático.

    d. Crear hipervínculos.

14. ¿Cuál es el objetivo principal de PowerPoint?

    a. Redactar informes.

    b. Crear presentaciones visuales.

    c. Gestionar datos financieros.

    d. Diseñar páginas web.

15. ¿Qué herramienta de Teams permite organizar tareas en tableros?

    a. Word.

    b. OneNote.

    c. Planner.

    d. Power BI.

16. ¿Qué rol en Teams puede añadir o eliminar miembros y configurar permisos?

    a. Invitado.

    b. Miembro.

    c. Moderador.

    d. Propietario.

17. ¿Cuál es la función principal de Outlook?

a. Crear gráficos.

b. Editar imágenes.

c. Gestionar correos electrónicos, calendario y contactos.

d. Elaborar presentaciones.

18. ¿Qué campo de Outlook permite enviar copia oculta a un destinatario?

a. Para.

b. CC.

c. CCO.

d. Asunto.

19. ¿Qué opción se debe usar para reenviar un correo a otra persona?

a. Responder.

b. Responder a todos.

c. Reenviar.

d. Guardar como.

20. ¿Qué recurso de Outlook ayuda a organizar automáticamente el correo entrante?

a. Bandeja de salida.

b. Reglas y categorías.

c. CCO.

d. Archivos adjuntos.

21. ¿Qué medida de seguridad permite que solo el destinatario autorizado lea un correo?

    a. Firma digital.

    b. Copia en CCO.

    c. Cifrado.

    d. Filtros.

22. ¿Qué aplicación de Microsoft 365 se integra con Outlook para adjuntar archivos en la nube?

    a. Word.

    b. OneDrive.

    c. PowerPoint.

    d. Excel.

23. ¿Qué elemento de un correo debe ser breve y claro para captar la atención?

    a. Cuerpo del mensaje.

    b. Asunto.

    c. Firma.

    d. CCO.

24. ¿Qué tipo de contenido admite OneNote además de texto?

    a. Imágenes, audio, vídeo y enlaces.

    b. Solo imágenes.

    c. Solo tablas.

    d. Solo escritura manuscrita.

25. ¿Cómo se organiza jerárquicamente la información en OneNote?

    a. Archivos → carpetas → páginas.

    b. Secciones → carpetas → notas.

    c. Bloc de notas → secciones → páginas.

    d. Documentos →temas → párrafos.

26. ¿Qué función de OneNote permite clasificar fragmentos como "Importante" o "Pendiente"?

    a. Búsqueda.

    b. Etiquetas.

    c. Pestañas.

    d. Categorías.

27. ¿Qué tecnología permite a OneNote reconocer texto dentro de imágenes?

    a. IA predictiva.

    b. OCR.

    c. Cifrado.

    d. Indexación simple.

28. ¿Qué opción de OneNote permite que varias personas trabajen en el mismo bloc al mismo tiempo?

    a. Guardado automático.

    b. Páginas privadas.

    c. Colaboración en tiempo real.

    d. Enlaces rápidos.

29. ¿Qué integración de OneNote permite vincular notas con reuniones y correos?

    a. SharePoint.

    b. Outlook.

    c. Power BI.

    d. Excel.

30. ¿Qué integración de OneNote centraliza notas en un canal de proyecto?

    a. Planner.

    b. Teams.

    c. Word.

    d. Access.

Solucionario

U. A. 1. Conocimiento de hojas de cálculo: Excel

1. c	**6.** a
2. b	**7.** d
3. d	**8.** c
4. c	**9.** c
5. c	**10.** d

U. A. 2. Creación de documentos con Word

1. c	**6.** d
2. d	**7.** b
3. a	**8.** c
4. b	**9.** a
5. c	**10.** c

U. A. 3. Presentaciones eficaces con PowerPoint

1. b	**6.** b
2. c	**7.** c
3. b	**8.** a
4. c	**9.** b
5. b	**10.** b

U. A. 4. Colaboración y trabajo en equipo con Teams

1. b   **6.** b
2. c   **7.** a
3. d   **8.** c
4. b   **9.** b
5. c   **10.** a

U. A. 5. Uso del correo electrónico. Outlook

1. b   **6.** b
2. c   **7.** b
3. b   **8.** b
4. b   **9.** c
5. b   **10.** b

U. A. 6. Creación de anotaciones digitales con OneNote

1. c   **6.** b
2. a   **7.** c
3. b   **8.** b
4. a   **9.** b
5. c   **10.** a

Bibliografía

Webgrafía

15 funciones básicas de Microsoft Teams para mejorar la productividad de su equipo en 2025

https://clickup.com/es-ES/blog/225679/funciones-de-microsoft-teams

Ayuda y aprendizaje de OneNote

https://support.microsoft.com/es-es/onenote

Ayuda y aprendizaje de Word

https://support.microsoft.com/es-es/word

Ayuda y formación de PowerPoint

https://support.microsoft.com/es-es/powerpoint

Guía de Excel para novatos: crear hojas de cálculo

https://www.softzone.es/programas-top/excel/tutorial-excel-basico/

Introducción a Microsoft Teams

https://support.microsoft.com/es-es/office/introducci%C3%B3n-a-microsoft-teams-b98d533f-118e-4bae-bf44-3df2470c2b12

Introducción para principiantes

https://dostinhurtado.com/site/cursos-gratis/curso-de-word-basico/word-capitulo-0/

Las 17 fórmulas de Excel esenciales para empezar y aprender fórmulas de Excel

https://www.xataka.com/basics/formulas-excel-esenciales-para-empezar-aprender-formulas-excel

Microsoft Excel

https://www.microsoft.com/es-es/microsoft-365/excel

Outlook Web: 27 funciones y trucos para exprimir al máximo el correo de Microsoft

https://www.xataka.com/basics/outlook-web-27-funciones-trucos-para-exprimir-al-maximo-correo-microsoft

Tareas básicas en OneNote para Windows 10

https://support.microsoft.com/es-es/topic/tareas-b%C3%A1sicas-en-onenote-para-windows-10-081573f8-2e8f-45e5-bf16-0900d4d3331f

Tareas básicas en Outlook

https://support.microsoft.com/es-es/office/tareas-b%C3%A1sicas-en-outlook-192eb102-2ee2-4049-b7f5-aa0eb4231fbb

Tareas básicas para crear una presentación de PowerPoint

https://support.microsoft.com/es-es/office/tareas-b%C3%A1sicas-para-crear-una-presentaci%C3%B3n-de-powerpoint-efbbc1cd-c5f1-4264-b48e-c8a7b0334e36